植民地台湾を語るということ

八田與一の「物語」を読み解く

胎中千鶴

ブックレット《アジアを学ぼう》❶

風響社

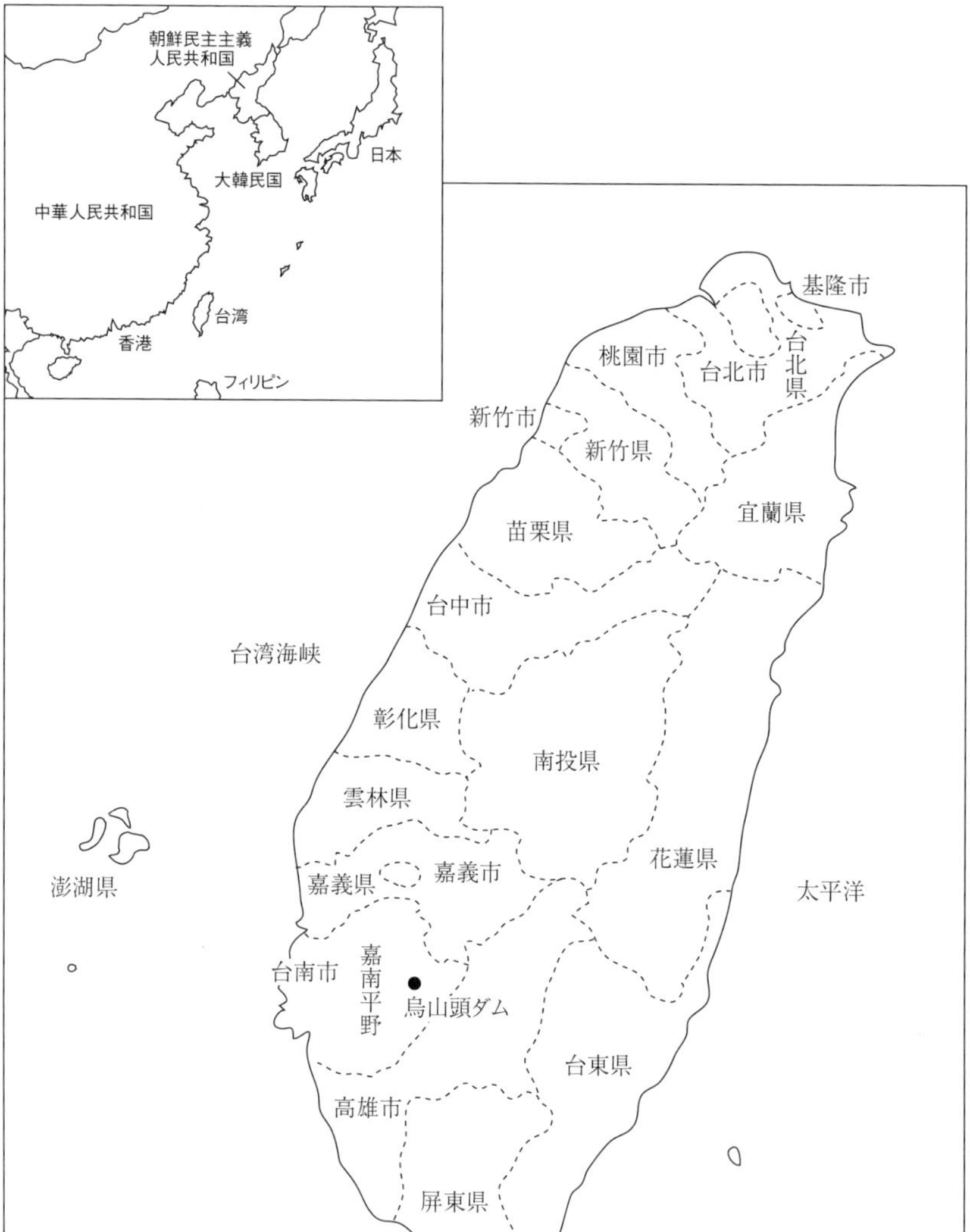
朝鮮民主主義
人民共和国
日本
大韓民国
中華人民共和国
台湾
香港
フィリピン
基隆市
桃園市
台北市
台北県
新竹市
新竹県
宜蘭県
苗栗県
台中市
台湾海峡
彰化県
南投県
雲林県
花蓮県
澎湖県
嘉義県
嘉義市
太平洋
台南市
嘉南平野
烏山頭ダム
台東県
高雄市
屏東県

植民地台湾を語るということ——八田與一の「物語」を読み解く

胎中千鶴

はじめに

高層ビルが林立する台北や高雄、緑濃い中南部の農村。疾駆する新幹線の線路のすぐわきに、おいしそうな匂いを漂わせる屋台が並ぶ。近代的な都市の顔と、アジアの伝統的な風景が自然に共存する台湾は、人びとを魅了してやまない場所である。

日本からは飛行機で三時間ほどの距離という近さもあって、ビジネスや観光で台湾に渡航する日本人は年ごとに増加している。かつて日本の植民地だったにもかかわらず、一般的に親日感情の強い社会としても知られており、旅先であたたかい人情に触れた経験をもつ人も多いだろう。政府間の政治的な問題は依然としてあるにせよ、日本人にとって台湾は最も心を許しあえるアジアの隣人なのかもしれない。

私自身、滞在するたびに台湾の人びとの親切な言動に何度も助けられ、支えられている。また日本人だとわかると、年配の方などから過剰なほどの好意的な態度を示されて、とまどう場面もしばしばあった。台湾社会に身を置くと、いわゆる「親日感情」というものを、自分が日本人としてどう理解し受けとめるかということを考えざるを得なくなる。近しい関係だからこそ生じる誤解や齟齬もあるように思えるからだ。

いつも私が心がけているのは、台湾の人々が「日本」や「日本人」を語るとき、その言葉の概念や価値基準は彼らの歴史上の文脈において使われているものであり、必ずしも日本人が考える「日本」――たとえばこの言葉から漠然と想起される国家、故郷、民族など――とは同じものではないという点を忘れないことである。

当然といえば当然のことだが、台湾は日本と同じ歴史をもつ社会ではない。植民地期を経て彼らの社会がたどってきた歴史においては、「日本」はときに別の意味――たとえば近代化、抵抗や受容の記憶、あるいは青春時代の思い出、戦後との対比――などの複雑な心情を示す一種の記号として使われていることもあるだろう。つまり彼らの親日感情も、常に日本や日本人に向けて表されているものとは限らないといえるのである。

本書ではその一例として、「八田與一《はったよいち》」という人物をめぐる歴史の語りかたについて考えてみたい。八田與一は、日本統治期の一九二〇年代から三〇年代にかけて、台湾中南部に大規模な灌漑施設「嘉南大圳《かなんたいしゅう》」を建設した台湾総督府の日本人技術者である。近年にわかに、日台双方で八田をめぐる「物語」が語られ始めている。なぜそれらをここで「物語」と称するかというと、それが八田の来歴を客観的に跡づけたものというよりも、語り手が好ましく思うストーリーとして新たに再構成されているようにみえるからである。

とりわけ日本ではここ数年来、義務教育の教材や土木関係の雑誌、保守系オピニオン雑誌などさまざまなところで八田物語を目にするようになった。こうした物語はどれも彼の優れた業績や勤勉・誠実な人柄を感動的な実話としてとらえるもので、そこでは「ふるさとの偉人」「日本精神の体現者」「嘉南大圳の父」「台湾に愛された日本人」など賞賛のことばかりが並ぶ。台湾人に敬愛される八田を、国際交流のシンボルとして扱おうとする動きもある。

しかし、かつて植民地統治をした側とされた側が、植民地官僚の職務上の業績について、このように「美談」を共有し、感動したり共感しあうということはめずらしいケースである。

そもそも異民族による植民地統治とは、どんなに建前上で平等をうたっていても、現実には多くの面で現地住民に差別を強いるものだ。だからたとえ同時代であっても、植民地の日本人と台湾人は決して同一の歴史を生きたとはいえない。ましてや一九四五年以降、日本と台湾はまったく異なる戦後史を経験してきている。そうした歴史を現在「日本史」や「台湾史」として語るのであれば、そこにはそれぞれの歴史の文脈の差異が明らかになっているはずである。

そう考えると、共通の美談としての八田物語のなかにも、両者の歴史上の文脈の違いは存在することになる。もしかしたら日本人と台湾人は、一つの物語を共感しているようにみえて、実は別々の方向を眺めているのかもしれない。にもかかわらず、そうした他者の歴史に十分な関心を払わぬまま八田を語ろうとする日本人が増えている背景には、それらを語りたいという欲望を生む日本の社会状況が見え隠れする。

語り手たちはなぜ今、この物語を語ろうとするのだろうか。八田與一の物語で語られる内容は、日本の植民地支配という歴史から何を選び取り、何を切り捨てて形成されたものなのだろうか。またこの物語は現在どのように更新されつつあるのだろうか。本書ではそうした八田物語の語られかたを題材として取り上げ、台湾史の視点からその意味を問い直してみる。

もちろんここでは、八田與一氏個人が「いい人」だったかどうか、などという点について問題にしたいのではない。そうした個人の資質ではなく、彼もまた植民地社会を成立させていた価値観や統治システムのなかに置かれていた一人であるということに、あらためて目を向けてみたいと思う。

今後の日本と台湾が真のよき隣人として尊重しあうためには、互いの歴史のなかから「いいこと／わるいこと」

や「いいひと／わるいひと」を一方的に探し出すのではなく、他者の歴史の異なる価値観を理解しようとしたり、自己の歴史を相対化しようとする努力が不可欠だろう。本書がそうした隣人とのつきあいかたのささやかなヒントとなれば幸いである。

一　八田與一と八田物語

1　八田物語とは

まず「八田與一物語」とはどのようなものかを紹介しよう。現在日本で語られる八田の物語は、多少の長さの違いはあるものの、内容はシンプルで強調点がほぼ共通しており、ひとつのパターンができあがりつつある。ここでは現在語られている八田物語の典型を二例あげてみよう。

まず最初は、八田の出身地である金沢市の教育委員会が、二〇〇五年度に作成した小学生用社会科副読本『のびゆく金沢』のなかの記述である。

台湾の人々を救った土木技師　八田與一

一八八六年（明治十九年）、與一は現在の金沢市今町に生まれました。第四高等学校、東京帝国大学を卒業後すぐ台湾に渡り、上下水道の工事や設計の仕事を行いました。

台湾一の広さをもつ嘉南平野の農民たちは当時、雨期には洪水、乾期には干ばつ、そして海岸の近くでは塩害によって、思うように作物が育たずとても困っていました。彼らを救うため與一は、一九二〇年（大正九年）、大きなダムと総延長一万六〇〇〇キロにも及ぶ水路を造る大工事の総監督となりました。この大工事で

> 與一は、大型の機械をたくさん使うなど、これまでにない新しい方法をいくつも取り入れました。また働く人が安心して仕事ができるよう、工事現場のすぐ近くに働く人や家族のために町をつくりました。
> 様々な困難を乗り越え十年後、工事は完成し、そのおかげで作物がたくさんとれるようになった平野は、台湾有数の農業地となりました。與一は台湾の人々に「台湾農業の大恩人」と呼ばれ、大変感謝されました。
> 與一の像が建つダムの近くでは、台湾《ママ》と日本人がたくさん集まり、彼の恩をしのぶ会が、今でも毎年行われています［金沢市教育委員会　二〇〇五：一四一］。

八田與一という人が台湾で農民を救うために立派なダムを造り、台湾の人に感謝された、というストーリーである。小学生用の副読本という性質上、内容が簡略化されているのは仕方がないし、授業で使用する際は教師が補足説明をするのかもしれないが、それにしてもこの文章だけでは、八田がなぜ台湾に行ったのか、なぜダム建設の責任者になったのかがはっきりしない。

次は、台北日本人学校が二〇〇三年に作成し、現在も学校のホームページにも載せられている中学部社会科資料集である。この資料集では二〇人以上の台湾人や外国人を、台湾を知るための「重要人物」として挙げており、八田もその一人として、以下のように紹介されている。

> 烏山頭水庫というダムのほとりに、ひっそりとしたたたずまいの銅像があります。戦前から台湾にあった日本人の銅像は、戦後、みんな壊されました。その中で、日本人でたったひとり残された銅像です。嘉南平原の人々の八田與一への感謝の気持ちから、この銅像は今でも烏山頭水庫に置かれて大切に守られているのです。

嘉南平原は、台湾の南部に広がる台湾で一番広い平原です。香川県ほどの面積を持ち、台湾の全耕作面積の六分の一を占めます。ところが、雨期になると集中豪雨のたびに河川が氾濫し、乾期には干ばつに襲われ、農作物が育たない不毛の地でした。

総督府土木部にいた八田與一は、米の増産できる場所を見つけるためにこの嘉南平原を調査し、ダムを造り、水を引いて行くことによってこの土地を豊かにさせようと考えました。

計画を立てると、それは十五万ヘクタール、一万六千キロメートルもの長さの嘉南大しゅうと呼ばれる、用水路や排水路を結ぶ大工事になりました。そして、その計画が認められ、工事が一九二〇年に始まりました。そして当時は、まだめずらしい最新式の大型の機械を大量に使いました。その機械の力は、初めて見る作業員を驚かせるほど大きく、工事は急ピッチで行われました。曽文渓という大きな川から烏山頭水庫へ水を引くために烏山頭嶺という山に水を流すトンネルを作るなど、土地の特徴をよく考えた工事を進めました。しかし工事が始まるとまもなく、ガス爆発が起こり作業員五十余名が犠牲となりました。その後、大きな事故を乗り越え、十年の歳月をかけて作られたダムは、当時東洋一の大きさになりました。そして嘉南大しゅうは完成しました。完成を祝って八田與一の銅像は建てられたのです。

嘉南の人々は、この工事の完成を皆喜び、田畑も青々と生い茂るようになり、生活も豊かになりました。

與一はその後、戦争でフィリピンに調査に船で出かける途中、アメリカの潜水艦の魚雷攻撃を受け、亡くなりました。與一の死を人々は大変悲しみました。そして、與一の銅像を恩人として、今でも大切に守り、命日になると追悼式が毎年盛大に行われているのです［台北日本人学校　二〇〇七：http://www.taipeijs.org/syakai2/index5.htm］。

総督府の技術者であった八田が、不毛の地とされていた嘉南平原を豊かにするためにダム建設に踏みきり、苦労の末完成させて台湾の人々に感謝されたこと、その不慮の死に人びとが大変悲しみ、毎年追悼式が行われていることなどが書かれている。

台湾在住の日本人中学生を対象にした記述のため、ダム建設の動機や工程などを比較的くわしく説明しているが、全体のあらすじは『のびゆく金沢』とよく似ている。

2　八田與一とは

これらの物語の主人公八田與一とは、台湾総督府に勤務した実在の技術者である。ここで彼の略歴を紹介しよう。

一八八六年、石川県金沢市生まれ。東京帝国大学工科大学土木工学科を卒業後、一九一〇年に当時日本の統治下にあった台湾に台湾総督府土木部技手として赴任した。

一八九五年の下関条約で日本に割譲された台湾では、台北に置かれた台湾総督府の強大な権限のもとで植民地統治が始まっていた。しかし統治開始直後から現地住民の激しい抗日武力抵抗が各地で起こったため、全島で日本軍との攻防戦が繰り返された。一八九八年に第四代台湾総督に就任した児玉源太郎は、民政局長として後藤新平を起用、児玉・後藤コンビは島内のゲリラを武力鎮圧する一方で、土地調査と地租改正を実施し、総督府の財政基盤を安定させながら、植民地統治を軌道にのせていった。八田が赴任した一九一〇年は、統治開始から一五年目にあたる。日本の植民地体制がようやく確立しつつある時期に、彼は台湾の地を踏んだのである。

一九一四年に技師に昇進した八田は、主に埤圳《ひしゅう》（水田に水を引く給排水路）建設のための調査、設計などにたずさわった。一九一七年から台湾中南部の嘉南平原の灌漑調査活動を開始し、一九一九年に嘉南大圳の設計案・予算案を完成させた。一九二〇年、総督府は嘉南平原の灌漑事業に着工、予算の関係上、総督府の監督下で民営の「官田《かんでん》渓《けい》埤圳組合」（のちに「公共埤圳嘉南大圳組合」と改称）を組織し、翌二一年八田が監督課長兼工事課長に就任、二二年からダム及び灌漑施設建設の指揮をとった。八年後の一九三〇年、貯水量一億五〇〇〇万トンの烏山頭ダムと、全長一万六〇〇〇キロメートルの送水・排水路をもつ嘉南大圳が完成した。

その後、台北の総督府内務局土木課に戻り、全島の水利事業に基づく「土地改良計画」に取り組んだほか、一九三五年には中国大陸に渡って福建省、海南島の水利調査などをおこない、さらに台湾技術協会会長などを務めた。一九四二年、陸軍省から「南方開発派遣要員」に任命された八田は、綿作灌漑の調査のために大型客船大洋丸に乗船してフィリピンに向かい、その途次にアメリカ潜水艦の魚雷攻撃に遭って死亡した。台湾に残された妻の外代樹《とよき》は、一九四五年に子供と共に台北から烏山頭に疎開したが、同年九月、ダムの放水路で投身自殺を遂げた。［古川　一九八九：三二一―三二二］

こうした事績から、八田與一がダム建設という大きなプロジェクトを指揮するような有能な技術者だったことは理解できる。いつの時代にもこのような優れた技術者は存在するものだし、彼らの業務上の成果は人びとの記憶に残るだろう。しかし、国家や大企業などの巨大組織の一員として成果を残したにもかかわらず、それが特定の一個人の「物語」として語られるケースはまれである。

実のところ八田與一も、戦後ずっと語り継がれてきたように受け取られがちだが、そうではない。八田の存在がクローズアップされるようになったのは、日本では一九八〇年代前半、台湾では一九九〇年代後半のことで、それまではほとんど知られていなかった。言葉を換えれば、物語の主人公としての八田は、今からほんの二十数年前にあらためて「発見」された、ともいえるのである。物語の八田與一はいつ、どのように登場したのか、次にみてみよう。

3　八田與一の「発見者」

（1）古川勝三

戦後の日本で八田與一が語られる契機となったのは、台湾の高雄日本人学校に教員として勤務していた古川勝三《ふるかわかつみ》が、一九八三年に『高雄日僑会誌』に連載した「台湾を愛した日本人」という記事である。その後古川はこの文章に加筆して一冊の本にまとめ、一九八九年、『台湾を愛した日本人──嘉南大圳の父八田與一の生涯』と題して出版した。この著書は話題をよび、一九九一年に土木学会著作賞を受賞し、二〇〇一年には台湾で中国語版も出版された。

彼は八田との「出会い」を、次のように述べている。

私が八田與一技師のことを知ったのは、高雄の中学校に赴任して二年目、一九八一年のことでした。たまたま小学校の卒業式に参列したとき、交流協会（財団法人交流協会のこと。国交のない台湾との実務関係を処理するため、一九七二年外務省と通産省〔現経済産業省〕により認可された政府機関─引用者注）の事務所長が来賓祝辞の中で、こんな話をされました。「みなさんは、日本人技師の銅像が、たったひとつだけ台湾の人たちの手で守られていることを知っていますか」。私も生徒たちもはじめて聞く話でした。その五十年ほど前、台南の烏山頭にダムをつくったその日本人のことを、今でも台湾の人たちは神様のように慕っているというのです［古川・田村　二〇〇一：一六─一七］。

のちに自らダムを訪れ、八田への関心を深めた古川は、次のような動機から『台湾を愛した日本人』を執筆することになったという。

私が高雄市の日本人学校に、赴任することになった時、「かつての植民地」という暗い影の部分を意識していた。しかし、八田技師の業績を取材していく中で、影ばかりではなく、明るい光の部分もあったのだと、少しだけ気が楽になった。その上、今なお、嘉南の人々によって、追悼式まで行われていることを知った時には、感謝の気持ちと共に、なぜ、このような心温まる話を、日本人は知らないのだろうか、どうして、マスコミは戦前の暗い影の部分を報道することはしても、光の部分をあまり取り上げないのだろうか、と思った。（中略）次代を担う若者に、日本人としての誇りを持たせ、夢を与え、国際的な視野を持った人間になってもらうためにも、影の部分だけでなく、光の部分も同様に知らせることが、大切ではないだろうか［古川一九八九：三四二］。

こうして古川によって「発見」された八田與一の物語は、一九九〇年代から二〇〇〇年ごろにかけて、司馬遼太郎、李登輝、小林よしのりなど、大きな影響力をもつ語り手たちによって日本社会に広く知られることになった。

（2）司馬遼太郎

とりわけ日本社会に八田の名を知らしめる役目を果たしたのは、司馬遼太郎である。司馬は一九九三年から九四年にかけて、『週刊朝日』に「街道をゆく四十　台湾紀行」を三五回にわたって連載した。これは人気の高い「街道をゆく」シリーズの一つとして、のべ一ヶ月に及ぶ台湾取材にもとづいて書かれた紀行エッセイだが、そのなかで、二回にわたって八田が取り上げられている。

ここで司馬は、古川勝三の著書や、一九八六年に台湾で出版された八田與一伝『忘れられない人』［謝一九八七」を手がかりとしながら、烏山頭ダムや八田の墓を訪れたときの雑感をつづっている。

「珊瑚潭のほとり」と題された回では、まず戦後の台湾で八田の銅像が地元住民によって守られ続けたことや、妻外代樹の自殺についてもふれ、毎年五月の命日に地元の関係者によって墓前祭がいとなまれていることを紹介し、次のように述べている。

> ありがたいことに、故人は国籍・民族を超えた存在になっている。
> そういう存在は、日本史には何人もいる。近世では、黄檗宗万福寺の開山になった福建うまれの僧隠元（一五九二～一六七三）、遠くは唐招提寺をひらいた揚州の僧鑑真（六八八～七六三）、あるいは十六世紀にキリスト教をもたらしたフランシスコ・ザビエル（一五〇六～五二）もそうかもしれない。いずれも、宗教を介している。
> 宗教が人類的であるように、土木もしばしばそういう性格を持ってきた［司馬　一九九四：二九七］。

続けて、古代ローマ人もガリアの地などに行って、水利構造や橋梁、道路などを「奇術のように」つくった。もしそうでなければ「ヨーロッパ文明の祖」であるかのように讃えられることはなかっただろう、といい、さらに「文明の基礎づくり」をおこなった明治初期の優れた土木技術者の名を何人か挙げる。なかでも八田の師にあたる広《ひろ》井《い》勇《いさむ》(1)は、小樽港の築港を指揮し、のちに東大教授となった人物で、「技術者は、技術を通しての文明の基礎づくりだけを考えよ」ということばを残すような「法学部出身の官僚的な出世主義をきらった」人だったという。

司馬が、そうした「文明の基礎づくり」の延長線上に八田をイメージしていることは明らかだ。「八田與一は、この師の影響を多量にうけたはずである」という司馬は、八田が工事着工にともなって台湾総督府技師という肩書きから離れ、一時的に「官田渓埤圳組合」技師という民営団体に所属したことについても、「法学部的出世主義からいえば、田舎落ちになる」と述べて、その姿を広井と重ねている。出世主義とは無縁の、無私の精神で仕事に打ち込む清廉な技術者の姿である〔司馬　一九九四：二九九—三〇四〕。

明治の清新な気概にあふれる技術者というイメージは、次のようなエピソードによってより増幅され、読者に深い印象を残す。

そのころ、現場から現場へ移動する人が、この汽車に便乗した。みな当然のように機関車に乗った。が、八田與一技師だけは、つねに無蓋列車の砂利の上に乗って風に吹かれていた。

あるとき、與一の帽子が吹きとばされた。蔡さんは、その帽子が台北でしか売っていない上等のパナマ帽だということを知っていたから、機関車を停めようとした。八田技師は、いいんだ、といって、停めさせなかったという〔司馬　一九九四：三〇五—三〇六〕。

しかし同時に、明治一九年生まれの八田は、司馬からみれば「明治人としては『遅れてやってきた世代』」であった。八田が技術者として活躍した大正期から昭和にかけての時代は、すでに「精神として衰弱期に入って」おり、「與一もその夫人外代樹も、国の亡びに前後して死ぬのである。二人とも非業に死んだ」と言うのである〔司馬　一九九四：三〇〇—三〇一〕。

この作家が日清・日露戦争期までの、いわば日本が近代国家へのテイクオフに成功した時代と、第二次世界大戦に至る昭和期を二分して「明るい明治・暗い昭和」ととらえていたことはよく知られている。八田が受け継ごうとした明治テクノクラートの初々しい意気が、昭和の暗い時代によって押しつぶされていったという悲劇性を、司馬は示そうとしているのかもしれない。

二　台湾で語られる八田物語

1　国定教科書

台湾で八田與一の名が広く知られるようになったきっかけは、一九九七年に発行された中学生向け国定台湾史教科書『認識台湾　歴史篇』である。これは、一九九三年から専門家グループによって検討・審議され完成した台湾初の「台湾史」の教科書で、全一一章のうち二章分を日本統治期の歴史記述にあてている。そのなかで日本人の個人名があげられているのは児玉源太郎と八田與一の二名だけで、児玉については、一九〇〇年代初頭に警察力を拡充し、島内の抗日勢力を武力鎮圧した総督として紹介されている。一方、八田與一に関しては、第七章第三節「植民地経済の発展」で農業改革の指導者として次のように説明している。

総督府は「農業台湾、工業日本」の政策を確立し、台湾を米と砂糖の生産地とし、積極的に農業改革事業を推進した。(中略)水利工事を行い、耕地灌漑面積を大きく増加させた。その中で最も有名なのが八田與一が設計、建造した嘉南大圳で、灌漑面積は十五万甲に達した〔国立編訳館　二〇〇〇：八四〕。

八田に関する記述は数行に過ぎないが、教科書の編纂にあたった専門家や教師などが、日本統治期の農業の近代化と、その基盤となった嘉南大圳の建設を肯定的に評価していることがうかがえる。

それにしてもなぜ台湾では、一九九〇年代後半になって、ようやく初の「台湾史」教科書が発行されたのだろうか。これは、台湾の現代史と深いかかわりがある。

一九四五年に日本の敗戦により植民地支配から解放された台湾では、日本の統治権力と入れ替わるようにして、中国大陸から蒋介石率いる国民党が「中華民国」として流入した。国民党は政治面で圧倒的な指導権を握ったため、新たな支配層の多くは国民党とともに台湾に来た人びと（外省人《がいしょうじん》）で占められた。そのため戦前から台湾に住んでいた人びと（本省人《ほんしょうじん》）は、総人口の約八割以上を占めるのにもかかわらず、政治参加や言論活動において強い制限を受けた。また、小学校・中学校など歴史教育の現場でも中国本土の歴史を学ぶのが一般的で、「台湾史」は一地方史として軽視された。とりわけ日本統治期の歴史は「奴隷化」の歴史であるとして、肯定的な評価を与えることは長くタブーだった。

しかし一九八八年に初の台湾人総統として李登輝が就任すると、政治の民主化が急速に進展し、「台湾意識（本土意識）」が一気に高まった。台湾社会のなかで、「台湾人とは何か」という、これまで封じ込まれていたアイデンティティの再確認が始まったのである。それはまた、外省人か本省人か、本省人なら閩南系（福建省南部から渡ってきた漢人）か客家系か、あるいはマレー系の先住民族（原住民族）か、先住民ならどの部族に属するかなど、台湾内部のエスニックグループの差異を自覚し、どう融和していくかという新たな課題も生んだ。この教科書はそうした台湾社会の「脱中国化」、すなわち「台湾化」の過程で生まれたといえよう。

教科書の執筆者のひとりである呉文星によると、『認識台湾』は若い世代に台湾への理解や興味を持たせ、「国民」としてのアイデンティティを形成することを目的としている。その内容は、「これまでの台湾国民の、日本統治期に対する認識不足と偏向とを矯正するもの」であると同時に、当時の台湾人が「自主的・選択的・積極的に植民当局が導入した近代化の事物を吸収したこと」を示すものであるという〔呉　二〇〇二：一四一―一二五〕。

この教科書があえて八田と嘉南大圳に言及したのは、台湾近代史における台湾人の主体性を明らかにするという、こうした編集方針に沿ったものであることがわかる。その文脈においては、植民地期の近代化は台湾人が主体的に受け入れた社会発展の記憶であり、日本人が一方的に与えたものとしてはとらえていない。現代の台湾人にとって、日本統治期は「われわれの近代化」の時代とみなされる場合もあるということだ。ともあれ結果的に『認識台湾　歴史篇』は、八田の業績にいわば台湾の「お墨付き」を与えるかたちとなった。[2]

2　李登輝

台湾の民主化を推し進めた前総統李登輝も、八田物語をきわめて熱心に語り続けている台湾人の一人である。

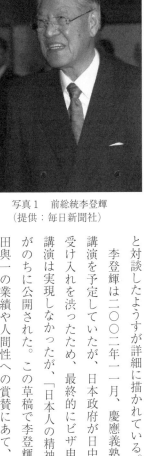

李登輝は一九二三年生まれ。旧制台北高等学校から京都帝国大学に進み、戦後台湾大学農業経済系を卒業。コーネル大学で博士号を取得、台北市長、台湾省政府主席を経て、八四年に副総統となる。八八年、蒋経国総統の死去にともない初の本省人総統に就任。九六年に初の直接選挙によって民選総統となり、二〇〇〇年の退任まで、強力なリーダーシップを発揮して台湾の民主化と本土化（台湾化）に力を注いだ。長身で恰幅が良く、知的で多弁、親日派として知られ流暢な日本語を話すため、日本にもファンが多い。小林よしのりの『台湾論』にも、李登輝と対談したようすが詳細に描かれている。

写真１　前総統李登輝
（提供：毎日新聞社）

李登輝は二〇〇二年一一月、慶應義塾大学三田祭における講演を予定していたが、日本政府が日中関係悪化を危惧して受け入れを渋ったため、最終的にビザ申請を断念した。結局講演は実現しなかったが、「日本人の精神」と題する講演草稿がのちに公開された。この草稿で李登輝は、内容の大半を八田與一の業績や人間性への賞賛にあて、八田の生涯がまさに「日本精神」を表すものであるとしている。そして戦後の日本はこの「日本精神」を自ら否定してしまった、という。

日本の過去には政治、教育や文化の面で誤った指導が有ったかもしれませんが、また、素晴らしい面もたくさんあったと私はいまだに信じて疑わないだけに、こんな完全な「自己否定」傾向がいまだに日本社会の根底部分に渦巻いており、事あるごとに、日本および日本人としての誇りを奪い自信を喪失させずにおかないことに心を痛めるものの一人であります。

では八田與一が体現した「日本精神」とは何か。李登輝は次のように述べている。

「人間いかに生きるべきか」という哲学や理念を八田氏は教えてくれたと思います。「公に奉ずる」精神こそが日本および日本人本来の精神的価値観である、といわなければなりません。(中略)現在の若者はあまりにも物資的な面に傾いているため、皮相的進歩にばかり目を奪われてしまい、その大前提となる精神的な伝統や文化の重みが見えなくなってしまうのです。(中略)八田氏夫妻が今でも台湾の人々によって尊敬され、大事にされる理由に、義を重んじ、まことを持って率先垂範、実践躬行(きゅうこう)する日本的精神が脈々と存在しているからです。日本精神の良さは口先だけじゃなくて実際に行う、真心をもって行うというところにこそあるのだ、ということを忘れてはなりません(『産経新聞』、二〇〇二年一一月一九日)。

その後李登輝は二〇〇四年一二月に三年八ヶ月ぶりに訪日を果したが、その際も、八田の生地である石川県金沢市に足をのばし、「金沢市立ふるさと偉人館」で八田の展示資料を見学している（『産経新聞』、二〇〇四年一二月二九日）。

3 「日本語世代」

このような「日本精神」＝「正義を重んじ、『公』のために自ら進んで誠実にことをおこなうこと」、という言説は、現在七〇歳代以上の、いわゆる「日本語世代」とよばれる人びとのあいだで多くきかれるものである。日本の植民地支配を経験しているにもかかわらず、彼らが親日的な態度を表すのはなぜなのだろうか。

実はこの世代の親日感情は、戦前戦後の台湾を生き抜いてきた彼らの、複雑な心情と深い関係がある。既述のように、戦前から台湾に居住していた台湾人（本省人）は、戦後の国民党政権下で過酷な差別や弾圧を受けた。なかでも一九四七年二月に起こった二・二八事件では、国民党政府の腐敗ぶりに不満をつのらせた台湾人と政府のあいだで武力衝突が発生し、エリート層を中心に多数の台湾人が国民党軍に殺された。さらにその後一九八〇代半ばまで続く白色テロ（反政府運動に対するテロル）では、事件の関係者や、政府を批判したとされる知識人たちが次々と粛清された。この一連の弾圧によって犠牲になった台湾人は三万人に及ぶといわれている。

このとき以来、本省人と外省人のあいだには「省籍矛盾」とよばれる深刻な感情の溝が生じてしまった。特に日本統治期に高等教育を受けた当時の台湾人エリートたちは、国民党政府への失望と憎悪の反動として戦前の日本統治を引き合いに出し、それを肯定的に評価する場合が多い。つまり彼らの親日感情は、自身の世代と人生に対する強い自己肯定の表明としてとらえることもできるのである。李登輝はそうした「日本語世代」を代表する存在といえよう。

司馬遼太郎の『台湾紀行』に、旅のパートナー「老台北《ラオタイペイ》」としてしばしば登場する台湾人実業家蔡焜燦《さいこんさん》もまた、

「日本語世代」の代表格である。彼は著書『台湾人と日本精神』のなかで八田を「台湾の恩人」と呼び、こう述べている。

私は、日本からの訪問者をこの地（烏山頭ダムのこと—引用者注）に案内するとき、しみじみ思うことがある。それは、もし日本の台湾統治がなかったら、こんな立派なダムもなく、おそらく台湾は中国の海南島のような貧しい島になっていたであろうということだ。これは単なる私個人の推量ではなく、その後の中国人による台湾支配を経験した多くの台湾人が確信していることでもある［蔡　二〇〇一：六六］。

外省人を「中国人」とよんで区別する蔡は、自分がまぎれもない「台湾人」であることを、親日感情を通して確認したがっているようにみえる。蔡にとって、「日本を愛すること」は、「台湾を愛すること」につながるナショナリスティックな情感なのだろう。しかしそうした熱烈な「愛国者」の蔡でさえも、八田與一の名前は『台湾紀行』の取材時に司馬遼太郎と交流を深めるまでは知らなかったという。戦後の台湾社会において「日本語世代」が八田を「日本精神」のシンボルとして語るようになったのも、民主化・本土化が進んだ一九九〇年代以降のことなのである。

三　日本で語られる八田物語

1　どこで語られているか

さて、こうした「発見者」たちからバトンを受けたように、その後二〇〇七年現在まで、日本社会ではいろいろな人びとが八田物語を語っている。本書の冒頭では義務教育の副教材を紹介したが、注意深くみると、それ以外にもその語りは日本のあちこちで見いだすことができる。

とりわけ八田物語を好んで取り上げるのは、土木建設業界の業界誌である。ここ数年の八田の特集記事を拾ってみると、次のようなタイトルが並ぶ。

・「台湾で愛され日本人に知られていない偉大な土木技術者」（『建設の施工企画』、日本建設機械化協会、二〇〇六年一一月）
・「烏山頭（八田）ダムと技術者――八田與一の功績を歩く」（『土木施工』、山海堂、二〇〇六年五月）
・「民衆のために生きた土木技術者たち」（『全建ジャーナル』、全国建設業協会、二〇〇六年三月）
・「日本と台湾を結ぶ心の架け橋」（『国づくりと研修』、全国建設研修センター、二〇〇五年冬号）
・「後世への最大遺物――八田與一の贈ったもの」（『土木学会誌』、土木学会、二〇〇五年一〇月）

これらの記事では、ダムの堰堤《えんてい》建設にあたり、八田が当時はまだ世界でも珍しかった「セミ・ハイドロリックフィル工法」（コンクリートを少量しか使わず、ポンプで大量の水をかけて土砂を締め固める工法）を採用したことのほか、アメリカで使用されていた大型土木機械を積極的に導入して工期の短縮に成功したり、工事現場に作業員用の宿舎や学校、商店、娯楽施設などを併設し、福利厚生に力を入れたことなどが、先進的な試みとして評価されている。

土木業界と同様に八田を「偉人」として扱うのは、保守的な論調の新聞や雑誌である。産経新聞は、二〇〇四年九月に九回にわたって「台湾の恩人　八田與一」を特集連載した。また雑誌では、

・「台湾農民の慈父・八田與一――生誕百二十年、その「徳」は民族、時空を超えて」（『月刊自由民主』、自由民主党、

写真２　雑誌『歴史街道』（2006 年 11 月号）の八田與一に関する記事（古川勝三）

二〇〇六年八月）

・「嘉南平原を緑の穀倉地帯に変えた技師・八田與一」（『月刊 will』、ワック・マガジンズ、二〇〇六年七月）

・「台湾を愛した男たち――近代化に賭けた夢」（『歴史街道』、ＰＨＰ研究所、二〇〇六年一一月）

など、どこか壮大なロマンをイメージさせるタイトルが目立つ。たとえば『歴史街道』の「台湾を愛した男たち」のキャプションは次のような思い入れたっぷりのものだ。

> 台湾に、一つの言葉が残っている。「日本精神《リップンチェンシン》」――。
>
> 正直、勇気、勤勉、自己犠牲、責任感などを意味する誉め言葉として、今も使われているものだ。
>
> かつて日本の統治下にあった台湾で、なぜこの言葉が大切にされているのか。その裏には、台湾近代化のために献身的に努めた日本人たちの知られざる活躍があった（『歴史街道』、二〇〇六年一一月号七六頁）。

これらの記事の多くは、勤勉で責任感があり、誰にでも平等かつ公平に接した八田の人柄にふれ、台湾の人々に今もなお慕われ続けていることを強調している。

それにしても、おしなべて八田物語が職務上の業績を評価するだけでなく、彼個人の資質にまで踏み込み、それを「日本精神」として讃えようとするのはなぜだろう。物語が、話し手や聞き手の願望や欲望を取り込みながら作られ続けていくものだとすれば、それはおそらく九〇年代以降の日本社会の時代背景と関係があるはずだ。

2　なぜ語られるのか

台湾が民主化・本土化の道を突き進んでいた九〇年代後半、日本ではバブル崩壊後の経済の沈滞が続き、他方世界の資本主義国では、アメリカ主導のグローバリズムの進展によって人と物の絶え間ない流動化がおこっていた。資本や情報、文化や人間が、国境をやすやすと越えて移動するようになると、これまでの既存の社会システムや社会規範が次第に意味をもたなくなっていく。「国境」や「国家」の輪郭がぼやけてしまったことで、「私とは何か」というアイデンティティが足もとから揺らいでいくような危機感を覚える人も多いだろう。

そうした不安を解消する一つの方法が「ナショナリズム」である。自分が属する「わが国」や「わが民族」の正統性を確認し賛美すれば、自分の立ち位置が安定し、揺らぐアイデンティティを補強できるからである。しかし厄介なことに、こうしたナショナリズムは、「わが民族」以外の他者のなかに「仮想敵」を設定し、その敵を攻撃・排除することで安心したいという欲求を常に生んでしまう。結果的にグローバリズムは、日本をはじめとする多くの国で、他者を排斥してはばからないような、閉塞的なナショナリズムを拡大させてしまったといえよう。

こうしたナショナリズムの広がりのなかで、日本では九〇年代後半から、「自由主義史観」という考え方が注目されるようになった。これは、戦後の歴史教育、とりわけ日本のアジア侵略や植民地支配などの行為を直視しようとする歴史観を「自虐史観」として否定し、「健全なナショナリズムの復権」をめざそうというものである。

自由主義史観に基づいて作成された中学校社会科教科書『新しい歴史教科書』には、編者の生徒へのメッセージとして次のような文章が書かれている。

戦後、日本人は、努力して経済復興を成し遂げ世界有数の地位を築いたが、どこか自信をもてないでいる。本当は今は、理想や模範にする外国がもうないので、日本人は自分の足でしっかりと立たなくてはいけない時代なのだが、残念ながら戦争に敗北した傷痕がまだ癒えない。日本人が、これからもなお、外国から謙虚に学ぶことはとても大切だが、今までと違って、深い考えもなしに外国を基準にしたり、モデルに見立てたりすることで、独立心を失った頼りない国民になるおそれが出てきたことには、警戒しなくてはならない［西尾幹二ほか　二〇〇一：三二九］。

このように自由主義史観では、日本人が「国民」として日本の歴史に自信をもつべきだと主張する。そのため日本の植民地支配についても、朝鮮・台湾に近代化をもたらしたものとして肯定的にとらえようとする場合がある。台湾に関していえば、医療・衛生・教育などの面で近代的な政策をおこなったほか、鉄道・道路・港湾などのインフラストラクチャー（社会基盤）を整備し、農業・工業面の経済開発を進めたことなどを挙げて、日本の統治が他国の苛酷な植民地支配とは異なり、台湾の近代化に寄与したものであるとみる。確かにこれらはある意味で事実だが、問題なのは、そうしたことを強調する一方で、否定的な側面を直視しない傾向がうかがえることである。(3) 後述する漫画家の小林よしのりも、この歴史観にくみする一人といえよう。おそらくこうした歴史観をもつ日本人にとって、「日本語世代」を中心とする親日派台湾人との出会いは、失われつつある「日本人の自信」のよりどころを見つけるための絶好の機会となっただろう。期せずして両者は親密な交流を開始し、「偉人」としての八田與一の評価も日台間で急速に高まっていった。

3　小林よしのり

漫画家小林よしのりが『新ゴーマニズム宣言SPECIAL台湾論』（以下『台湾論』と略記）において八田を「伝説の八田與一」として賞賛したのは、二〇〇〇年のことである。『台湾論』は、一九九二年から刊行された一連の「ゴーマニズム宣言」シリーズのなかの一冊で、雑誌『SAPIO』編集部の企画で台湾を訪問した小林が各地をめぐり、台湾の人びととの対話を通じて、台湾や日本の現在と未来を考えるという構成になっている。ここでは、この『台湾論』を手がかりに、小林と台湾のかかわりかたをみてみよう。

当時の小林は、「『日本精神』を失った『にふぉんぢん』」、つまり「国のこと、公のことを考えてない小市民の群れ」（一一頁）となってしまった日本の「国内状況に嫌気がさして」（七頁）いた。一方台湾では二〇〇〇年三月、直接選挙によって民進党の陳水扁《ちんすいへん》が総統に就任し、戦後長く続いた国民党政権にピリオドが打たれた。その直後に描かれた『台湾論』からは、台湾の急速な民主化を「国産《くにう》み」と表現する小林が、その現場にリアルタイムで立ち会ったという興奮を抑えきれずにいることがみてとれる。

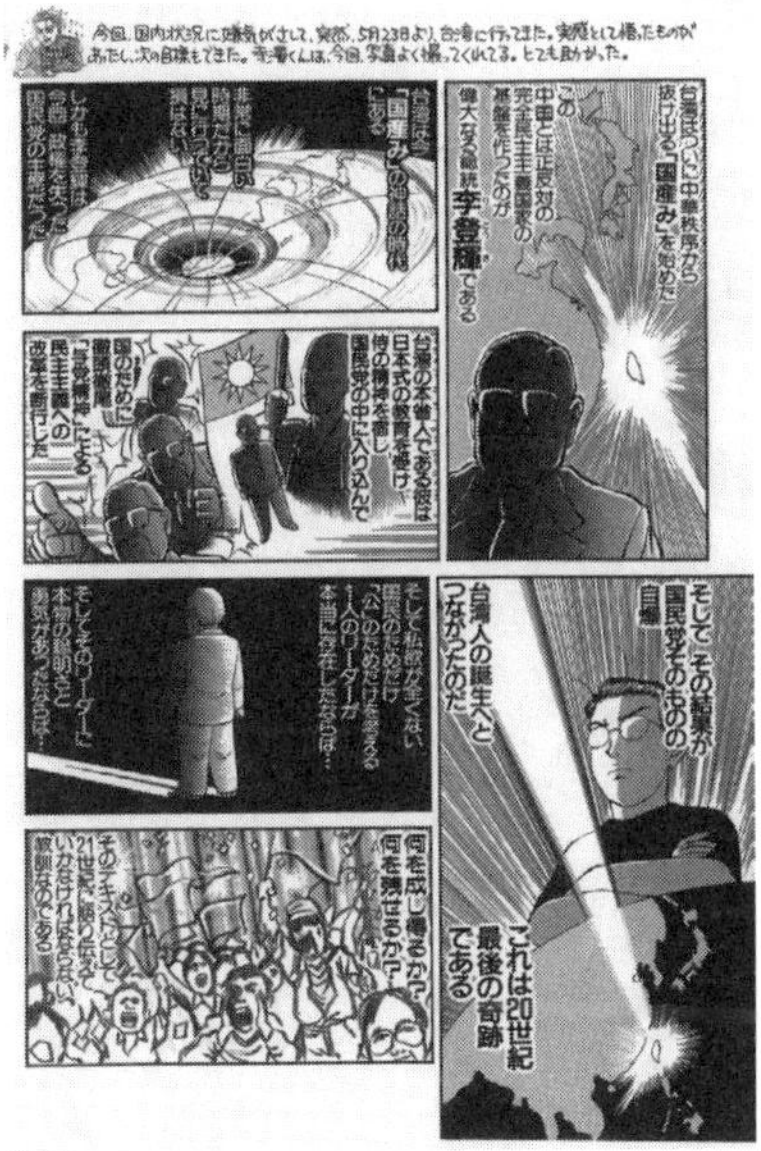

写真３　小林よしのりの
『新ゴーマニズム宣言SPECIAL台湾論』から

初めて台湾を訪れた小林は、日本統治時代を日本語で懐かしそうに話す老人たちがいることに驚く。日本の童謡や軍歌を歌う彼らをみて、「一体どっちが日本人なんだ？」「日本の歴史はここ台湾の地で凍結してそのまま残っている」（一〇頁）と感じ、台湾の向こうに今は亡き「美しき日本」を想像するのである。

写真４　小林よしのりの
『新ゴーマニズム宣言SPECIAL台湾論』から

『台湾論』では日本統治期の歴史についても多くふれられている。そのなかで、八田は三回登場し、日本統治期の歴史を解説する部分では、植民地期に「蓬莱米《ほうらいまい》」を開発した農業技師末永仁《すえながめぐむ》や磯栄吉《いそえいきち》、七代総督明石元二郎《あかしもとじろう》、後藤新平のもとで殖産局長をつとめた新渡戸稲造とともに、台湾産業の育成に貢献した人物として描かれている。ここでは「嘉南大圳は当時アジア最大のダムで、水路の長さは万里の長城の六倍以上にもなった！」と、事業規模の大きさを示し、妻外代樹がダムに身を投げたことも紹介している。（一四〇頁）

また、実際に小林がダムを訪れた場面では、マンガとともに八田の銅像や墓の写真が掲載され、戦後もそれらを守ってきた地元の人びとの存在を知って「台湾の人たちの気持ちは温かい」と感動する。さらに彼は、日本人を神として祀る寺廟が台湾にあることを知り、八田と並べて、こう述べる。

台湾で今に至るまで民衆に尊敬され偲ばれている日本人、神様になってしまった日本軍人・警察官は非常に多いようである。

このような台湾で神となるまでに慕われた戦前の日本人の存在を知って、戦後の我々は日本人としてのナルシズムを感じていられるだろうか？

とんでもない！　矮小で不誠実になってしまった自らを恥じるだけである。戦後の我々に比べれば、戦前の祖父たちがどれだけ誠実でスケールの大きいものを持っていたか……。
祖父たちを悪として断罪し、同じ日本人として罪悪感を持っているふりをしながら自らだけは誠実であると信じ込む……。歪んだナルシストたちが現代の日本にはあまりに多い［小林　二〇〇〇：二一九―二二四］。

台湾の近代化に献身した戦前の日本人たち、そして彼らを今も慕い続ける現代台湾の人々。そうした国家と国民の関係をいわば理想的な「くにのかたち」として示しながら、現在の日本社会がそれらを失ってしまったことを、小林は怒り嘆いている。小林にとって八田與一は、「日本精神」を身をもって体現した理想の日本人なのだろう。

4　物語をめぐる「日台交流」

小林の台湾訪問と前後して、二〇〇〇年五月に、台湾台南市で日台の関係者によって八田與一の記念式典がひらかれた。「八田與一逝去五八周年記念式典」と銘打たれたこの式典は、台湾の財団法人現代文化基金会と、嘉南大圳の管理団体である嘉南農田水利会が主催し、台南県、台南市のほか新聞社やテレビ局が協賛した行事で、日本からも八田の親族や関係者などが多数参加した。式典後におこなわれた記念シンポジウムでは、「自由主義史観」を主張する日本人参加者から、八田の先進的な技術力や卓越した指導力を賞賛する意見が続き、八田こそ「国際協力の真の姿」であるとする発言もあった。

このとき、コメンテーターとして参加していた台南の成功大学教授陳梅卿が、これらの賞賛一辺倒の発言に異論を唱えた。大規模な水利事業によって地域社会に生じた社会的、経済的、文化的な問題点に言及しないのはなぜか。またいわゆる「内地と外地」の植民地支配関係にあった時代の八田を「国際協力の真の姿」と解釈することにも疑問を感じる、というものだった。するとそれまでなごやかだった会場のムードが一変し、シンポジウム終了後、陳への非難の声や態度があちこちで見聞きされたという［何　二〇〇〇：九四―九五］。台湾史研究者としての陳のこうした指摘は当然あってしかるべきものなのだが、日本統治期への批判的意見に拒否反応を示した参加者が多かったということだろう。

その後も、八田をめぐる日台関係者の友好的な「国際交流」は途切れることなく続いている。毎年五月八日の命日には、嘉南農田水利会のほか、金沢市関係者を中心とする「八田技師夫妻を慕い台湾と友好の会」の会員や付近住民が集まって墓前祭がおこなわれ、最近では交流協会台北事務所や、台南県などの政府関係者も参加している。新聞報道によると、生誕一二〇年にあたった二〇〇六年の墓前祭では、日本人参加者も七〇人近くに達し、「日本での八田技師夫妻への関心の高まりをうかがわせた」（『北國新聞』、二〇〇六年五月九日）という。

しかしここまで述べてきたように、日本人が語る八田物語と、台湾人が語る八田物語は、同じ内容を同じ価値観に基づいて共有しているようにみえて、実はそうではない。九〇年代以降の台湾社会の民主化・本土化の動きや、日本国内におけるナショナリズムへの傾斜など、それぞれの社会の時代背景がそれぞれの八田物語を支えてきたのである。つまり八田をめぐる両者の「交流」は、異なる社会の歴史のなかで語られる物語を同じものと錯覚したうえで成り立っているといえる。次節では、その両者の錯覚がなぜ生じたのか、なぜ八田物語にだけそうした状況が成立するのかを、少しくわしくみていくことにしよう。

四　物語が語りたいこと、語らないこと

八田物語の主なプロット（筋書き）は次の二点に大別される。

①八田は優秀な日本人技術者である。苦労の末、ダムと灌漑施設建設という難事業を成し遂げ、台湾の近代化に貢献した。

②嘉南大圳が完成した結果、嘉南の民衆は豊かになった。しかし八田夫妻は不慮の死を遂げ、台湾に埋葬された。地元住民は今も当時と変わらず八田與一への感謝の念を忘れず、墓前祭をおこなっている。

この二点が物語に最も必要な要素だとするなら、それはとりもなおさず語り手たちが最も「語りたいこと」であるともいえる。それはなぜなのか、またそれを台湾史の視点から検証し直すとどのようなことがわかるのか。以下で個別に検討を加えてみよう。

1　「近代化」をめぐる語り

(1) 植民地政策としての嘉南大圳

まず①のプロットからみてみよう。ここでまず語られるのはいうまでもなく「近代的な技術者」としての八田與一である。世界的にも引けを取らない大規模で先進的な土木工事を、独創的な工法を用いて成功させたその高い先見性と技術力を、日本が台湾にもたらした近代化の代表例としてとらえている。それはたとえば冒頭に紹介した台北日本人学校の社会科資料集が、「初めて見る作業員を驚かせるほど大きき」な力をもつ「当時はまだめずらしい最新式の大型の機械」を導入した点を強調していることからもうかがえる。そして物語のなかの八田は、いわば「勤勉で清廉」という近代的な技術者の理想の姿としてイメージされる。

その代表例が、司馬遼太郎が描く八田像である。第一節でみたように、司馬は大正・昭和期の技術者八田を、明治初期の時代精神を受け継ぐものとして好意的にとらえている。明治という国民国家形成期の近代合理精神は司馬にとって好ましいものであるが、軍部が跳梁しアジアに侵出していく昭和の日本を、彼はよしとしない。そこで八田に関しては、昭和期の植民地官僚であることにはあまり言及せず、明治期の「遅れてやってきた世代」としてデッサンするのである。

このように、物語のなかの八田像は、政治的な色彩の薄い「非植民地主義」的な人物として描かれており、それこそがこの物語を安心して語るために必要な要素となっている。植民地で一旗揚げようと内地からやってくる民間人とも違い、公務で海を渡り、慣れない土地で勇敢かつ一途に職務をまっとうしたこと、植民地官僚だが一人のエンジニアでもあり、政治家や警察官、教師など、職務を通じてダイレクトに台湾住民を支配するような職種ではなかったこと、職務上の成果によって、台湾住民が結果的に利益を被ったことなど、彼は非の打ちどころのない「いい人」の条件を備えている。物語の聞き手は「日本は台湾に悪いことをしたかもしれないが、八田與一個人はいいことをした」と感じることができるだろう。

しかしいうまでもなく八田與一は、植民地支配システムの中枢に組み込まれた官僚の一人として、台湾の水利事業に携わった。彼の個人的信条はどうあれ、職務上の業績をそうしたシステムから切り離し、あたかも個人事業のようにとらえることは適切とはいえない。ここでは、あらためて植民地政策の一つとしての嘉南大圳を考えてみよう。

第一節で述べたように、嘉南大圳は一〇年近い工期と総工費約五四〇〇万円を費やして完成した灌漑施設である。灌漑面積は台湾全耕地の六分の一にあたり、地主、小作人など利害関係者は四〇万人、台湾全農業戸数の十分一を包括する国家プロジェクトだった。

本来は官営で行われる予定だったが、当初の予算を上回る工費となり、一九二〇年に民営の組合組織形態をとった。八田が監督として就任した「官田渓埤圳組合」はこうした経緯で設立されたもので、組合自体は総督府の監督下にあり、工事費の大半は国庫補助金と総督府や勧業銀行の借入金だった。名目上は民営でも実質的には官営の嘉南大圳について、経済学者の矢内原忠雄《やないはらただお》は（4）「総督府の『直系』的、『娘会社』的なる独占事業と見るべきである」と評している［矢内原　一九八八：六〇—六一］。

では、総督府はなぜ巨額の資金を投じてこのような大規模水利事業をおこなったのだろうか。

嘉南大圳の建設が急がれたのは、干ばつや塩害の多い嘉南平原の広大な土地を改良し、甘蔗（さとうきび）と米を中心とした農産物生産量の向上をはかる必要があったからである。日露戦争を経て急速に工業化した日本は、植民地台湾を食糧供給源とみなし、甘蔗と米の二大作物の生産奨励策をはかろうとしていた。そのため総督府は一九〇〇年代初頭から製糖業の育成に力を入れていたが、一九二〇年代になると米の品種改良が進み、ジャポニカ米の新種「蓬莱米」の大量生産も可能になっていた。

写真５　現在の烏山頭ダム

嘉南大圳の建設と並行して、灌漑地域の全農民には八田の提唱した「三年輪作制」が強制された。これは全耕地を三分割し水稲、甘蔗、雑作物をそれぞれ一年ごとに作り、水稲、甘蔗の生産地域に優先的に給水するという方法である。その結果農地は一五〇甲（一甲は一ヘクタール）ごとに輪作区を画定され、実行小組合が集団的に生産を管理するようになった。この農法について総督府は、嘉南大圳完成後も予想される水量不足に備えるためのもので、農民に「公平に平等に嘉南大圳の利益を与える」施策であると述べている［矢内原　一九八八：二八一］。

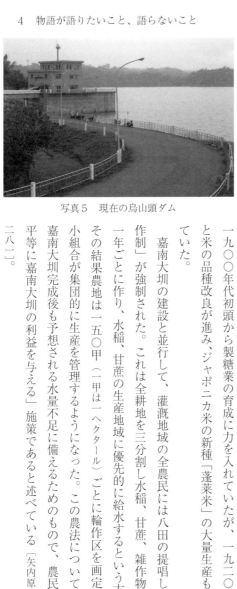

結果的にこの地方の農業生産量は増加したが、三年輪作制が台湾の土地制度や伝統的な農法とは異なっていたうえに、米価にくらべて値段の安い甘蔗栽培を強制されたため、農民の反発をよんだ。一九二〇年代後半以降、小作人を中心として結成された台湾農民組合が、製糖会社や台湾人地主の搾取に対して活発な農民運動を展開した。嘉南大圳でも一九二八年ころから、土地買収の補償金額や、小作農の水利組合費負担などをめぐって農民の不満が高まり、一九三〇年には小作料不払い運動がおこっている[5]［楊　一九九七：一〇六］。

矢内原忠雄は、著書『帝国主義下の台湾』（一九二九年）で次のように述べている。

嘉南大圳工事は既に巨額の費用を投じて進行中であり、其完成の暁には土地生産物の増収土地価格の昂騰による利益は莫大であろう。（中略）併し乍ら、其の成功する暁区域内の生産関係、製糖会社対農民の社会関係は重大なる変革を遂げるであろう。（中略）結果に於て嘉南大圳の社会的意義を求むれば、糖業資本の保護、其利益への完全なる適合、独占下の資本主義の更に高度なる発展に帰する。何れにせよ、「帝国主義植民地」たる台湾ならでは見られ難き性質の大工事である［矢内原　一九八八：二八二―二八三］。

このように嘉南大圳は、植民地主義という枠組みや、それを支えた当時の価値体系が産み出したものでもある。しかし一連の八田物語では、こうした支配の歴史が語られることはほとんどない。嘉南大圳という巨大インフラによって、この地域が結果的に「台湾最大の穀倉地帯」となり、現在に至るまで地元住民に感謝されているとしても、その過程で日本が本国の利益を優先し、住民の伝統的価値観や生活様式を軽視して経済開発を推し進めたことを看過するべきではないだろう。物語ではこうした視点がすっぽりと抜け落ちているのである。

（2）植民地の近代化とは

嘉南大圳の例をみてわかるように、植民地におけるこうした近代化は、現地住民の生活の向上をめざしておこなわれたものというより、統治者が安定的に植民地を支配し、本国に利益を誘導することを第一の目的としたものだった。

とはいえ、日本統治期の台湾では、ダムや鉄道、港湾建設などのインフラ整備以外にも、医療・衛生面で近代化政策がおこなわれ、病院や医師の設置、衛生思想の普及などにおいてめざましい成果をあげたことも事実である。たとえば衛生対策では、統治開始直後からペスト、マラリア、コレラなどの伝染病・風土病の予防と治療が急ピッチで展開されたため、一九〇〇年初頭に約三四％だった台湾人の死亡率は、一九〇〇年代半ばには二〇％を切るほどまでに低下した。このようにとりわけ医療・衛生事業においては、数字上の結果をみる限り、台湾住民にとって「いいこと」だったともいえる。

しかしこれもまた、台湾住民の健康を優先しておこなわれたわけではなく、あくまで支配者側の都合に沿ったものだった。

総督府民政長官後藤新平の右腕で、一九〇二年より台湾総督府警務部衛生課長として医療・衛生行政を担当、総督府医学校校長、台北医院長などを歴任した高木友枝《たかぎともえ》は、植民地における医療・衛生の意義について次のように述べている。

列国ノ植民地ヲ経営スルヤ先ツ宗教ヲ宣布シテ斯民ヲ文明ノ域ニ誘致スルコトヲ勉メ、帝国ノ植民地ヲ統治スルヤ、宗教ニ換ルニ医衛ヲ以テシ、斯民ヲシテ文明ノ徳澤ヲ目睹親験セシム［高木　一九一〇：一］。

列強各国はキリスト教布教によって植民地に「文明」をもたらした。日本が近代国家として植民地を統治するためには、キリスト教の代わりに医療と衛生がその「文明」の役割を果たす、と高木はいっている。「医衛」をいわば「恩恵」として与えることで、支配者の支配者たる正当性を、被支配者に示すことができるからである。台湾出身で、戦後の台湾史研究の先駆者の一人として知られる戴國煇は、植民地期の近代化について、次のように述べている。

結果から拾って一見したところ、確かに日本による近代教育――差別と幾多の制限が加わったものではあったが――はカッコ付の文盲率の低下をもたらした。また日本資本主義の絶対的要請下に行なわれた産業開発は近代糖業をはじめとする諸工場を残していった。近代的な衛生管理や施設の拡充はマラリヤの猖獗の程度を軽減したなどが確認できよう。

しかしわれわれは、その財源の大部分がわれわれのふところから出たものであることを知っている。ところでわれわれは、結果のみからその結果をもたらした過程のすべてを正当化するわけにはいかない。ましてや植民地支配による「近代化」の意図は美化に値しうるものではないことは、日本人の心ある友人もまた認めてくれるものであろう〔戴 一九七九：二四五―二四六〕。

植民地の人びとは、政治的、社会的な面で日本人と対等な立場にはなかった。たとえば台湾人という出自をもつだけで、高等教育を受ける機会が得にくくなるなど、制度上の不利益を受けた。たとえ表面的には平穏な社会のようにみえても、植民地では支配される側の人間が進学や就職などで主体的な生き方を選択しようとした瞬間、それを阻む決定的な障害として、差別的な支配システムが立ちはだかるのである。

戴國煇は、台湾人が日本統治期には日本語を、戦後の国民党政権下では北京語の使用を強制され、閩南語や客家語、原住民族の言語など、それぞれの母語を否定された歴史をもつことにふれ、次のように述べる。

私はかねてから植民地統治の最大なる罪悪は経済的基盤の破壊や物的収奪にはなく、むしろ人間の破壊にこそあると考えている。言語の三重生活、母の言葉をもぎとられ、奴隷的思考に自ら堕してゆくこと等、植民地統治の罪悪の深さを深く深く人びとは知るべきだ［戴　一九七九：二四三］。

「人間の破壊」という、台湾の人々の内面をえぐるような傷痕は、おそらく現在の台湾社会にも、さまざまな形で残っているはずだ。第二節で述べたとおり、確かに近年の台湾では、民主化・本土化の流れのなかで台湾史が認知されつつあり、日本統治期を含む近現代史そのものへの見直し作業も続いている。しかしそれは、これまで自らの歴史から疎外されていた台湾人が、あらためて主体的に歴史を問い直すための試みである。これらの作業が決して植民地支配への肯定的評価をめざしているわけではないことを、われわれは知っておくべきだろう。

2 「日本人」をめぐる語り

(1) 台湾に愛された日本人

次に②のプロットをみてみよう。不慮の事故によって命をおとした八田は、台湾に埋葬され、戦後も嘉南の住民たちにひっそりと慕われ続けてきた。「台湾を愛した日本人」が、日本人の気づかぬところで「台湾に愛された日本人」になった、というストーリーはとても印象的である。

八田の銅像については、次のようなエピソードがある。嘉南大圳が完成した一九三〇年に、八田は烏山頭を引

写真６　八田與一の銅像

写真７　八田夫妻の墓

き上げて台北に戻るが、嘉南ではダム建設関係者によって結成された「交友会」が八田に記念品として銅像を贈呈することを決め、翌三一年にダムを見下ろす丘で除幕式が行われた。戦時下の台湾では、内地と同様に軍の命令で金属の供出が求められ、八田の銅像も一時行方不明となった。しかし敗戦直後の一九四五年に台南で発見され、戦後嘉南大圳を管理することになった嘉南農田水利会がこれを買い戻し、ダム近くの駅の倉庫に保管したという。だが戦後の国民党支配下では、日本統治期の遺物が破壊されることが多く、また銅は高値で売れるため、盗難のおそれがあった。そこで水利会は烏山頭管理事務所に銅像を運び入れ、その後三六年間保管し、一九八一年にようやく元の位置に戻された(6)［古川　一九八九：二一八―二三四］。

銅像をめぐるこうした余話に加え、八田物語では妻外代樹の最期について語られる場合が多い。既述のように外代樹は、敗戦直後の一九四五年九月一日、八人の子供を残してダムの放水口に身を投げた。自宅に簡単な遺書があったが、自殺の直接の動機は不明である。翌四六年、嘉南農田水利会は銅像のすぐうしろに墓を造り、夫妻の遺骨をここに納めた。司馬遼太郎は『台湾紀行』のなかで、八田夫妻の墓について次のように書いている。

台湾は大理石の島といっていいほどにふんだんに大理石がある。

しかし墓石は、日本の風習どおりの花崗岩が選ばれた。たれかが、故人の国の風習を思って、わざわざ高雄まで行って見つけてきた、という。

墓石の表に「八田與一・外代樹之墓」とあり、裏に、中華民国三十五年と刻まれている。文字どおり、台湾の土になったのである。

年号をみたとき、三四郎と同世代のこの明治人が、たしかに台湾の土になっていることを感じた［司馬一九九四：三〇六］。

写真８　台湾の雑誌『少年台湾』（2002年11月号、牛頓出版股份有限公司）に掲載されたマンガ「八田物語」（編劇：徐昱、画：劉曉倩）

八田夫妻が非業の死を遂げ、二人の遺骨が日本に帰らず台湾で埋葬されたという事実は、物語の聞き手にさまざまな感情をひきおこす。たとえば八田が内地に戻らずに亡くなり、「台湾の土」になったことは、故国を離れ職務に殉じたという悲劇的なイメージにつながる。しかし同時にそれは、「台湾を愛した日本人」としての八田像をより強く印象づけるだろう。八田は死後も台湾に残り、妻とともにダムを見守っている。そして彼の銅像と墓は地元住民が手厚く守っている。こうしたイメージは、八田と台湾住民のあいだの愛情の深さを聞き手に想像させ、悲劇性から救済する。植民地支配の歴史に「うしろめたさ」を感じている日本人も、「台湾に愛された日本人」の存在を知ることによって、その罪悪感からいくらか解放されるのである。

（2）地域の歴史としての八田與一

しかしこれまでみてきたように、八田物語は日本、台湾それぞれの異なる歴史の文脈のなかで語られている。ここでは嘉南の住民たちの八田與一を見るまなざしについて、台湾史の観点から考えてみよう。台湾の歴史研究者何義麟は、「日本人と台湾人とではそれぞれ八田物語の違うところに感動している」として、次のように述べている。

この「八田物語」に接した私たちは、むしろ台湾の素朴な農民が暗い時代の政治弾圧を恐れずに八田夫妻の墓を建て、八田技師の銅像を「保護」し、しかも長い間毎年欠かさずこっそりと記念行事を行なってきたことに感動した。

もし台湾の戦後史を知る人なら、地元農民たちの勇気を称えるだろう。戦後の国民政府統治下の台湾では、日本語の出版物や日本色の濃い遺跡物は、公式命令でほとんどすべて廃棄処分にされた。日本に関係するものを保持していれば、いつ逮捕・監禁の災いが降りかかるか誰にも予測できなかった。

そうしたなかで、地方エリートと農民たちが政治的な圧力に屈せずに、民族や過去の支配・被支配の関係を問わず、地元に貢献した人には感謝の念を長い間持ち続けた温情と勇気こそが、台湾史に書き込む一エピソードとしてもっとも意味があると思う［何　二〇〇〇：九六］。

既述のように嘉南大圳は、受益者を構成員とする水利組合からの拠出金と政府の補助金によって着工された事業である。そのため完成後の施設管理もこの組合が行い、戦後の嘉南農田水利会に受け継がれて現在に至っている。つまり現在の嘉南大圳は、すでに日本から「与えられた」ものというより、一九四五年以降ずっと維持運営し続けてきた台湾人自身の事業である。八田の墓や銅像を守り続けようとする意識や行為もまた、戦後の強権政治のもとでたくましく生き抜いてきた嘉南民衆の「地域の歴史」から紡ぎ出されたものであろう。こうした嘉南の地域アイデンティティに思い至らず、彼らの行為を単なる日本人への感謝の念ととらえて「感動している」日本人がいることを、何義麟は指摘しているのである。

嘉南の住民意識を表すエピソードをもうひとつ紹介しよう。烏山頭の八田夫妻の墓碑の文字は当初から朱で染められている。日本では存命の人名にのみ朱文字を用いるため、疑問に思った日本人が嘉南農田水利会の関係者にその理由を尋ねた。すると「八田さんは神様です。中国では赤はおめでたい色、最高の色とされています。八田さんは神様だから、名前に朱を入れてあるのです」という答えが返ってきたという〔田村　二〇〇三：九〕。この言葉は、住民の意識のなかに、地域の水利を治めた八田を神仏に近い存在としてとらえようとする心情があることを示している。

台湾の民間信仰には強い現世利益指向があり、霊験あらたかと認知されたものならすべて信仰や祈願の対象となる。死者はもちろん、それが行き倒れた無縁仏の遺骨であれ、犬、猫、ブタなどの動物、あるいはかまどなどの無機物であれ、御利益があればみな「神様」とみなされる。

小林よしのりも『台湾論』でふれているように、台湾には戦前に実在した日本人巡査や日本軍人を神として祀っている寺廟が存在する。たとえば台南にある飛虎《ひこ》将軍廟（一九四四年に台湾沖航空戦で戦死した日本人兵を祀る廟）や、苗栗の獅頭勧化堂《しとうかんげ》（戦時下のマニラで台湾人兵を守ったとされる日本人警察官を祀る廟）、東石の富安宮（村のために尽くした

写真９　台北郊外の「水流公」とよばれる廟。淡水河の近くにあり、流れ着いた水死体の遺骨を祀っている。

日本人警察官を祀る廟）などだ。これらもその神様に御利益があるかないかが大事なのであって、出自が日本人であること自体には実はあまり意味がない。「台湾では日本人が神様になっている」などとことさらに感動するのは見当違いというものである。(7)

　こうした台湾の民間信仰の特性を理解したうえでみてみると、戦後も墓と銅像を守ってきた住民たちが、八田を地域の守り神のひとりとして敬っているとしても不思議ではないことがわかる。さらにいえば、戦後の住民たちにとって、八田が日本人か台湾人かなどということはそれほどこだわるべき問題ではなく、「自分たちに恩恵を与えたか否か」という点こそが重要だったのではないかと考えることもできる。

　嘉南地域において八田與一の事績は、もはや郷土に根づいた歴史の記憶である。墓や銅像はその歴史の記憶のモニュメントであると同時に、住民を庇護し恵みを与える「土地神」の役割も果たしているのだろう。つまり台湾人が「八田與一」を語るとき、それは必ずしも「日本」や「日本人」を思い浮かべるとは限らず、地域社会の歴史を想起する場合もあるということだ。しかし日本人が「日本」を過剰に意識して八田物語を語るとき、そうした戦後の台湾人の心情はどこかに置き去られてしまうのである。(8)

五　更新されていく物語

八田物語が今後も語られていくとしたら、それはどのような意味をもつのだろうか。ここでは八田の出身地金沢市と烏山頭ダムにおける八田をめぐる活動の現況を紹介し、さらに八田物語に新たな意味づけが行われている例をあげる。

1　金沢市と烏山頭

第三節で述べたように、金沢市では一九八四年に「八田技師を偲び嘉南と友好の会」（のちに「八田技師夫妻を慕い台湾と友好の会」に改称）が結成され、烏山頭で五月に挙行される墓前祭に関係者が参列したことがきっかけとなって、台湾との民間交流が始まった。一九八六年、前年の墓前祭に同行した学校関係者の報告を受けて、金沢市教育委員会は小中学生向けの『道徳・郷土資料集』の「郷土の先人の伝記」の項で、「台湾を愛した日本人」と題して八田を取り上げた〔斎藤　一九九七：一二二〕。その後現在まで小学生用社会科副読本に掲載されていることは、本書の冒頭で紹介した通りである。

嘉南大圳関係者と「友好の会」の交流は九〇年代に入ってさらに活発化し、一九九二年の墓前祭で、会の事務局長と嘉南農田水利会会長とのあいだで八田與一記念室建設の話が持ち上がった。既述のよう

写真10　「烏山頭水庫風景区」内にある飲食店「八田」

写真11　ダム放水口の脇にある「八田技師記念室」

写真 12　金沢市立ふるさと偉人館の八田與一の胸像

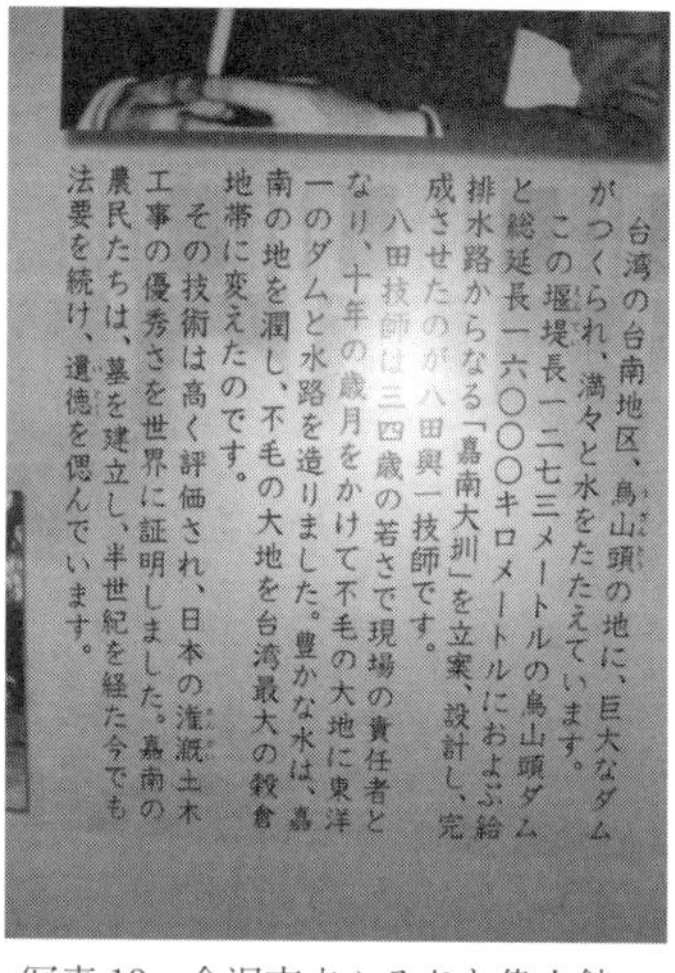

写真 13　金沢市立ふるさと偉人館の八田與一に関する展示

に嘉南農田水利会は、戦前の水利組合を引き継ぎ、台湾政府の管理下で運営されている農業従事者の民間組織で、嘉南大圳の耕地一五万ヘクタールのうち九万八〇〇〇ヘクタールを維持・管理している。二〇〇〇年、「友好の会」と水利会は外代樹が身を投げた放水口付近に「八田技師記念室」を開設し、関係資料が展示された〔古川・田村 二〇〇一：二二一―二二三〕。

現在烏山頭は「烏山頭水庫風景区」という名称の、水利会が経営・管理するリゾート地でもある。ダム周辺には公園、プール、遊園地、宿泊施設なども整備され、八田の銅像や記念館も観光名所のひとつになっている。二〇〇三年には台南県文化局が八田逝去六一周年を記念して「烏山頭之愛」と題した記念活動を行った。ここでも嘉南大圳関連の文献展示などとともに、国際民俗芸術祭などのアトラクションが催されており、観光客の集客を意識したイベントだったことがわかる（『中華日報』二〇〇三年四月一日）。中学生用教科書で紹介されたことにより、台湾の若年層における八田の知名度は今後も上がるはずで、烏山頭の「八田與一」は観光資源としても認知されていくのかもしれない(9)。

一方金沢市では、八田は「ふるさとの偉人」になりつつある。二〇〇四年五月、陳水扁総統の政策顧問で実業家の許文龍が八田の胸像を金沢市に寄贈し、同月末「金沢市立ふるさと偉人館」で除幕式がおこなわれた（『産経新聞』、二〇〇四年五月三〇日）。許文龍は「日本語世代」の親日派として知られる人物で、八田の信奉者でもある。

ふるさと偉人館は、木村栄、鈴木大拙、高峰譲吉、三宅雪嶺など金沢市出身の著名人の業績を顕彰・展示する市立の文化施設だが、胸像の寄贈を受けて、二〇〇四年四月以降は八田與一の資料展示も開始した。二〇〇六年から翌〇七年にかけて、「生誕一二〇年記念　八田與一展――台湾の大地を潤した男」と題する特別展示がおこなわれ、〇六年秋には市内の八田の生家に「生誕地碑」が建立された。また二〇〇七年六月、八田物語を題材とした演劇が東京と石川県で上演され、二〇〇八年夏にはアニメ映画も公開予定だという。[10]

このように日本では、八田の事績を「郷土の誉れ」として称え、今後も語り継ごうとする動きが金沢市を中心に広がっていることがうかがえる。しかし台湾では、現況をみる限り、嘉南大圳と八田をすでに台湾近現代史の一部として認識し、理解しようとする方向性が社会の主流となっているようにみえる。これは今まで表面化していなかった日台両地の八田物語をめぐる「錯覚」が次第に明らかになってきていることを意味するのかもしれない。

2　八田與一と「国際人」

ここ数年、八田をめぐって日台関係者の往来が進んだことで、語り手たちのなかに八田物語を「国際人」、あるいは「世界平和」の一例として理解しようとする傾向が強まっている。それは八田が台湾人・日本人の分け隔てなく接し、没後も現在に至るまで台湾の人々に慕われており、またそれを契機に関係者の交流が深まった、と認識されている状況が背景にある。

「国際」や「平和」をキーワードに語られる八田與一は、「日本精神」の体現者といったようなナショナルな存在ではなく、むしろそれとは相反するような「国際人」として表現される。たとえば以下のような記述にそれがうかがえる。

国際人八田を介しての交流は人種・民族を超えて始まった。八田與一が日本人であったという評価は、日本側から見た日本人のアイデンティティ、または国家意識の増長の方向へ行ってはならない。八田の墓前祭を通して、墓前祭を生活の基盤としている農民を理解できる台湾認識をつくっていくべきではないか。そして八田は一人の技術者として、人種・民族を超えた真の国際人として生きたと捉えるように、日台交流の健全なあり方を今後の課題としたい［鈴木　二〇〇四：三六七―三六八］。

この文章の筆者は教育関係者で、実際に墓前祭に参加した経験をもとに、教育現場での総合的な学習において、台湾理解を深める授業の教材としてどのように八田與一を扱うべきかという問題について論じている。ここでこの筆者は、日本人が八田物語を語る際の自己中心性を否定し、墓前祭を農民の「生活の基盤」ととらえるなど、八田與一を多面的に理解しようとしている。しかしその一方で、生徒に「植民地支配の実態を具体的に知ろうという意欲と知識をもたせたい」としながら、植民地官僚の八田を「真の国際人」とみなしたため、文脈に矛盾が生じている。

植民地社会は、支配者側の利益を最優先して形成された差別に基づく社会である。もちろんどんな社会にも「いい人」がいるのは当たり前で、植民地にも「いい日本人」は数多く存在しただろう。しかし逆にいえばそのような善意の人が大勢いたにもかかわらず、日本は五〇年にもわたって台湾を植民地として支配したのである。私たちはそうした当時の日本の植民地主義という価値観そのものを、まず考えるべきではないだろうか。そして、そうした視点から八田與一をみると、彼を「真の国際人」として位置づけることよりも先に、民族差別を嫌ったであろう八田が、それにもかかわらず植民地主義のシステムのなかで生きざるを得なかったこと自体にまなざしを向けるべきだということがわかる。

おわりに

本書では、八田與一を語る近年の日台双方の動きに注目し、その語り手や語られかたを検証することで、植民地の歴史が物語として再構成される意味について考えた。

一九八〇年代に登場した八田物語は、植民地支配に肯定的評価を与えようとする日本人と、「日本語世代」を中心とする親日派台湾人によって支持された。それは、司馬遼太郎、李登輝、小林よしのりなどの影響力の強い語り手を得て補強され、さらに聞き手の裾野を広げて現在まで語り続けられている。

日本で語られるこの物語では、近代化を象徴する優秀な技術者としての八田を強調する反面、彼を植民地官僚として台湾に送り出した植民地主義の構造そのものにはほとんどふれていない。また八田が台湾の人々に敬愛され、戦後も彼の銅像を地元住民が守ってきたことを美談として紹介しているが、嘉南住民自身の現代史については理解が及んでいないため、日本人の一方的なまなざしに基づくストーリーになっている。

こうした物語を語る日本人の心中には、日本近現代史から「いいこと」を拾い上げ、それを確認することで「日本」や「日本人」の失われた自信を回復したいという欲望があるようにみえる。あるいは語り手の多くは、自分自身のそうした欲望をおそらく明確には意識しないままに、この物語を美談として扱っているのかもしれない。

だが、彼らが近しい隣人である台湾の人々と歴史の記憶を共有し、理解しあっていると思っているとしたら、それはやはり美しき誤解である。なぜなら本書で考察したように、台湾では八田を日本と異なる文脈でとらえようとしているからだ。

一九八〇年代後半から民主化・本土化の道を進んできた台湾では、日本統治期の歴史を台湾人の主体性という観点からあらためて問い直そうという試みが続いている。その流れのなかで、台湾人の八田への認識は、もはや「日本」や「日本人」の枠組みからいったん切り離された地域の歴史、すなわち「台湾史のなかの八田與一」という存在に変化しつつあるようにみえる。

こうした他者の歴史の重層性に頓着せず、互いの歴史上の文脈が同一であると思いこんでいると、気づかぬうちに自分に都合の悪い歴史を忘れ去り、それ以外のものを心地よい記憶として組み立て直してしまうおそれがある。八田物語の解釈をめぐる日台間の錯覚や齟齬は、植民地の記憶を物語として共有しようとする行為が、いかに矛盾をはらむものであるかを示している。

今わたしたちに与えられている課題は、そうした矛盾を生んでしまった日台の歴史の複雑な関係性に対して誠実に向きあい、自分自身がそれといかにかかわってきたか、そして将来はどうかかわるべきかを、真摯に問い直すことであろう。こうした作業が進み、八田物語が日台両地で自然に語られなくなったときに初めて、私たちは戦後の植民地主義の終焉を迎えることができるのかもしれない。

（初版・本文了）

付記

その後の「物語」

二〇〇七年に本書を刊行してから、一三年の月日が経った。

一三年前、私は本書の「おわりに」で、「八田物語が日台両地で自然に語られなくなるとき」がいつか来ることを想像した。それは、物語に見え隠れする植民地主義的な価値観が、時代の推移とともに少しずつ消失していくことを願っていたからだ。

ところが、その後現在に至っても、日本と台湾では「八田與一」が途切れることなく語られ続けている。今や八田に関する情報はインターネットで検索すればすぐに見つかり、テレビや雑誌などでもしばしば紹介されるようになった。日本中が知る「美談」とまではいえないまでも、現在は一三年前にくらべると誰もが容易にアクセスできる環境にある。

私が印象深かったのは、二〇一五年に日本で公開された台湾映画「KANO　1931海の向こうの甲子園」である。この映画は、日本統治期に甲子園大会出場を果たした嘉義農林学校野球部の奮闘を描いたものだが、ストーリーとはほとんど無関係であるにもかかわらず、人気俳優の大沢たかおが演じる八田與一が唐突に画面に登場して話題となった。好感度の高い役者が演じる誠実な八田與一像は、文章や銅像のそれよりもいっそうダイレクトに受け手に届いたかもしれない。昨今は、こんなふうにメディアを通していきなり「リアル」な八田の存在を知り、次に「物語」と出会う人も多いのではないだろうか。それまでまったく知らなかったぶん、「こんないい話があったのか」と、感動が倍増してしまうおそれもあるだろう。

もちろん、現在の八田の存在とそれらの語りが、本書で述べてきたような日本の植民地主義や排他的なナショナリズムに裏打ちされたものばかりだといいたいわけではない。八田物語が今もクローズアップされる背景には、この一〇年余りの日台をとりまく時代の推移があり、それにともなう両地の人々の価値観や歴史認識の変化が、物語の継続を下支えしているといえる。そうした時代背景を理解したうえで、あらためて物語について考えてみる必要もあるだろう。

そこで、この付記では、二〇〇七年以降の八田物語がどのように語られてきたのか、まずはその背景と語りの内容について概観してみたい。さらに、今後この物語が、日本と台湾双方でどのようにかたちを変えていくのか、見通しを立てながら考えていくことにしよう。

台湾は「親しい隣人」

この一〇年ほどのあいだに、日本と台湾の関係はますます親密度を増しているようにみえる。

その契機となったのは、二〇一一年三月の東日本大震災だ。当時台湾の人々は二〇〇億円を超える巨額の義捐金を日本に送るなど、多方面で被災地支援をしてくれた。いうまでもなく、この未曾有の災害には世界中から支援が届いたし、義捐金の額によってそれらを区別しているわけではない。しかし、最も身近な隣人がすぐに手をさしのべてくれたことに、日本人は感銘を受け、これまで台湾にそれほど近しさを感じていなかった人たちも、あらためてこの隣人に目を向けるようになった。

一方、台湾からみれば、一九九九年九月に台湾中部を襲った「九二一大地震」の際、真っ先に現地に救援隊を送った日本の迅速な対応が記憶に新しく、その「お返し」という意味合いもあった。地震多発地帯に住む者同士だからこそ、こんなときは相手の置かれた状況や心情が細やかにくみ取れるのかもしれない。

その後も、二〇一六年二月に台湾南部で起きた最大震度七の「台湾南部地震」や、同年四月の「熊本地震」など、自然災害のたびに支援のやりとりが繰り返された。これまでも日台関係は比較的良好だったが、民間の人的交流がより深まった背景には、こうした要因があったといえよう。

実際に、二〇一〇年代の日台間の人的往来の活発化は、数字にも表れている。たとえば、日本から台湾に行く観光客の増加だ。ＪＡＴＡ（一般社団法人日本旅行業協会）の旅行会社へのアンケート調査によると、二〇一九年三月時点で、台湾は「ゴールデンウイーク人気旅行先ランキング」（海外旅行）五年連続第一位である。人気の理由は「飛行時間が短く、価格も手頃で親日」だからだと業界関係者はみている。また、治安が良く観光地も整備されていて、シニア層や一人旅の女性も安心できるという点も挙げられるだろう［ＪＡＴＡ　二〇一九］。

また、日本の高校生の修学旅行先としても近年注目されている。ＳＮＥＴ台湾（日本台湾修学旅行支援研究者ネットワーク）の分析によれば、二〇一〇年代に入ってから全国的に海外の修学旅行先として人気が高まった。二〇一七年度の調査では、修学旅行で海外に行く全国の高校生（約一五万六四〇〇人、八九五校）のうち、およそ三四％（約五万四〇〇〇人、三二五校）が台湾を訪問、他地域に大きな差をつけて第一位となった。もっともこれは、台湾の人気上昇によるものだけでなく、同時期の中国や韓国での政治的な不安定要因などを警戒し、訪問地を台湾に変更する高校が急増したという事情もあるという［河原　二〇一九］。

多くの日本人観光客や高校生が訪れるようになると、台湾各地の観光地も活気づく。八田ゆかりの地、台南の烏山頭ダムも例外ではない。既述のように、二〇〇〇年代前半にすでにダムとその一帯は「烏山頭水庫風景区」として整備されていたが、二〇一一年には、新たに「八田與一紀念園区」が完成した。八田が家族とともに暮らした日本家屋が復元されたほか、傍らには妻・外代樹の銅像も建てられている。日本人向けツアーや修学旅行の見学地として格好の場所となったため、台北など北部に比べて観光資源に乏しい南部では、インバウンド事業者にとってありがたい存在だろう。

このように、二〇一〇年代に「親しい隣人」としての台湾イメージが日本社会に定着したことで、八田の名前は以前にもまして人々の耳目に触れるようになった。私は本書の第五章で、「『八田與一』は観光資源としても認知されていくのかもしれない」と書いたが、現在まさにそうした形を通じて、物語を語る素地が新たに生まれつつあるといえるだろう。

日本の歴史教科書と八田與一

それでは、この一〇年余りのあいだに、八田與一をめぐる語りにどのような変化があったのか、まず、日本社会の動きからみてみたい。変化を示す代表的な例として、中学校の歴史教科書の記述について考えてみよう。

植民地史研究者の清水美里によれば、日本の中学社会科教科書に初めて八田の名が現れたのは、二〇〇五年版の『新しい歴史教科書』（扶桑社）だという。本書でも述べたように、この教科書はいわゆる「自由主義史観」を主軸とする編集方針に基づいて執筆されたものである。その後、この教科書の執筆者らが袂を分かち、あらたに自由社と育鵬社がそれぞれの歴史教科書を出版、ともに八田の事績をコラムで取り上げた［清水 二〇一七：六］。

これらの教科書が「日本人の自覚」を生徒に促すという指導上の方向性を持っている以上、八田が登場することに違和感はない。「台湾の人々を思いやり、ダム建設によって地域に貢献した日本人」のストーリーは、執筆陣が望むであろう人物像――日本人としての「誇り」を胸に国際的に活躍する人間――に沿うものだからだ。

しかし、二〇一〇年代になると、教科書出版の大手で「自由主義史観」とは距離を置いてきたはずの東京書籍や教育出版、帝国書院の中学歴史教科書などでも八田が紹介されるようになった。

ここで、二〇一六年発行の『新編　新しい社会　歴史』（東京書籍）と『社会科　中学生の歴史』（帝国書院）をみてみよう。ともに日清戦争の事項と同じページに人物コラムのような形で登場する。たとえば東京書籍版は、八田の銅像の上半身の写真とともに以下の文章を掲載している。

台湾総督府が植民地支配を進めていた一九一〇年代、台湾で最大の平野である嘉南平野は、常に干ばつの危険にさらされていました。総督府の技師であった八田與一は、烏山頭ダムをはじめとする嘉南用水路を造り、嘉南平野を台湾最大の穀倉地に一変させました〔東京書籍　二〇一六：一七七〕。

一二〇字足らずのコラムだが、八田の足跡を簡潔に述べている。また、同じ項目の本文では、台湾領有後の日本が住民の抵抗を武力でおさえ、総督府が強い権限で支配を進めたことが記されている。

一方、帝国書院版では台湾統治を説明する本文はないが、「台湾の植民地化と近代化」と題したコラムで東京書籍の倍近い字数を費やしている。銅像の写真のキャプションとして、東京書籍と同じように総督府の技師が「ほとんど作物をつくることができなかった平原」を「台湾一の穀倉地帯」に変えたことを紹介するとともに、以下のような植民地化に関する記述がある。

下関条約によって日本の植民地となった台湾は、台湾総督府によって統治されていました。総督府は教育の普及のほか、鉄道やダムの建設など、台湾の近代化を進めました。しかし、住民からは抵抗運動も起こりました。日本による台湾の支配は、第二次世界大戦が終わるまで五〇年間続きました〔帝国書院　二〇一六：一七九〕。

二〇一〇年代に主要な歴史教科書がそろって八田を取り上げた背景には、二〇〇六年の教育基本法の改正以降、日本社会に浸潤しつつある保守的傾向があるだろう。当時の安倍首相が新しい教育基本法のその先に描いたビジョンは、「品格ある美しい国・日本」をつくるための「教育再生」だった。この理念を歴史教科書にも反映せざるを得ないのであれば、植民地統治についても支配者の「強権」と被支配者の「抵抗」という従来の図式だけでなく、その枠組みとは異なる視点からみた肯定的な評価も求められる。そこで記述のバランスをとるために選ばれたのが、台湾の八田與一だったのだろう。

近代化の象徴のようなダム建設にまつわる「美しい日本人」のエピソードは、教科書の記述としても都合がよい。最新の技術を駆使し、困難な状況に打ち克ってプロジェクトを成功させ、人々に豊かさをもたらした。高潔な人柄で台湾人にも好意的に受け入れられている。日台関係も近年ますます良好だし、誰にも文句は言われまい…、というところだろうか。

しかし、歴史教育において植民地のダム建設を肯定的に評価するという視点そのものにも、まだ議論の余地があるだろう。

アメリカの日本近現代史研究者アーロン・S・モーアは、満洲国や植民地朝鮮における日本の科学技術を論じた著書のなかで、ダム建設は「日本帝国の技術的想像力が最も顕著に表わされたもの」であり、「権力の集積体」であると述べている。〔モーア　二〇二〇：二八〕

モーアによれば、植民地のダムとは、高度な技術力によって造られた単なる建造物ではなく、「政治的、法的、軍事的、経済的、社会文化的な権力形態すべてが集積したもの」であるという。大規模な工事を完遂するためには、資本の投資や法体系の整備のほか、土地の収用や住民の移住、労働者の動員と管理など、地元有力者や警察との連携も必要となる。そうした政財界を含む広範な植民地権力と科学技術が複雑に絡み合った末にできあがるのが、巨大ダムや灌漑施設なのだ。

もし、これらを教材として扱うのであれば、たとえ近代化のシンボルとされるインフラ建設の歴史であっても、その背景にある植民地権力のありように生徒の理解と想像が及ぶような記述が不可欠だ。そして、そうした歴史教育をめざすとき、特定の個人の顕彰を軸とする「物語」は、学習者の視野を狭め、歴史を相対化する感覚の芽を摘んでしまうおそれがある。今後、日本の歴史教科書が「八田與一」をどのように取り扱っていくのか、私たちは注意深く見ていく必要があるだろう。

台湾史のなかの八田與一

では、近年の台湾では八田はどう認識されているのだろうか。こちらも教科書の記述からみてみよう。

本書ですでに述べたように、台湾の教科書に初めて八田が登場したのは、一九九〇年代後半に発行された中学生向け国定教科書『認識台湾』である。その後二〇〇〇年代に入ると、小学校・中学校九年一貫課程の導入とともに複数の出版社が検定教科書を発行した。

清水によれば、中学校社会科教科書では各社ともに八田を取り上げているものの、嘉南大圳の補足説明の一部であったり、職務への犠牲的精神を称える道徳的なエピソードであったりと、版元によって扱い方はさまざまであるという。それは、植民地期の近代化自体をどうとらえるかという執筆陣の歴史観の「揺れ」に起因する。言い換えれば、民主化の進展と歩調を合わせて深化してきた台湾史研究の成果が、現在も次々と反映され、更新されているのである［清水 二〇一七：一二一―一四］。

近年の歴史研究の蓄積がより明確に示されるのが、高校の教科書だ。ここで、日本でも翻訳版が出版された『普通高級中学歴史第一冊』（三民書局、二〇一八年）を例に挙げてみよう。

この教科書は台湾史の通史で、全四篇、計十一章で構成され、そのうち第三篇の三章分を日本統治期にあてている。章立てからみても、執筆者たちがこの時代をいかに重要視しているかがうかがえる。と同時に、政治・経済・社会・文化各方面について、フラットな視点で植民地を描いている点も目を引く。支配者の経済的収奪がある一方で、近代化が実現したこと、圧政や差別待遇に苦しみつつも、それらに立ち向かう人々の政治運動があったこと、植民地人としてのアイデンティティを模索しながらも、近代文化の発展を享受する人々など、どれも客観的で具体的である。

そのなかで八田與一は、第三篇第六章第二節「植民体制下の経済発展」の本文中に登場する。

水利は農業の発展に極めて重要だ。そこで総督府は灌漑用水路の管理を強化し、その後更に官設の計画を立て、北部の桃園大圳を含む一四の用水路の工事を補助した。そして最も重要とされたのが、八田与一（Hatta Yoichi、一八八六～一九四二）が設計した嘉南大圳の工事だ。一九二〇年に起工して曽文渓と濁水渓から水を引き、一九三〇年には烏山頭ダムを完成させ、嘉南平原の灌漑の水源問題を解決した〔薛化元　二〇二〇：一二二〕。

一読してわかるように、ここで執筆者が提示したトピックは、近代化の一環として建設された水利施設の概要であり、八田個人の事績ではない。また、この節では他にも総督府がおこなった調査事業や専売事業、インフラ整備や農工業の発展なども図版を用いて丁寧に説明しており、水利施設だけに焦点をあてようとしているわけでもない。当然のことながら、台湾の歴史教科書では一七～一九世紀の清朝統治期にも十分な紙幅を割き、一九世紀末の官僚、沈葆楨や丁日昌、劉銘伝らが進めた近代化政策について言及している。

そのため、支配者の交替はあったとはいえ、日本統治期の近代化は清朝期のそれと連続して理解することができる。「八田物語」でよく語られるような「未開の地に初めて近代化の光をもたらした日本」という文脈は、台湾史のなかでは自然に相対化されてしまうのだ。

そうした歴史教育の影響だろうか、経済史研究者の武長玄次郎によると、二〇一五年に台湾の大学生約三〇〇人を対象に実施した調査結果では、八田の認知度と水利事業への評価は高いものの、それを日本人や日本統治への肯定的評価に結びつけるような回答はほとんどみられなかったという［武長 二〇一八：一一―一六］。八田の名前は知っているし、ダム建設も評価する。しかし、それはあくまで台湾史のひとコマにすぎない、というのが、台湾の若者の一般的な認識なのではないだろうか。

「歴史」と「神話」

このように現在の日本と台湾では、それぞれの八田物語が互いにまったく違う方向に歩みつつあるようにみえる。台湾の八田與一は、観光資源としての存在感を持つと同時に、すでに歴史上の人物として定着している。研究蓄積を重ね、奥行きを持つようになった近年の台湾史のなかで、彼の事績は歴史上のひとつの出来事として、近代史の後景に置かれることになった。それは八田が着々と「歴史化」しつつあることを示しているといえるだろう。

一方、日本ではどうだろうか。すでに述べたように、近年、主要な教科書に八田の記述が加わった。それは、歴史研究の成果が反映されたものというより、現在の日本の政治状況を鑑みて執筆陣が選んだひとつの素材である。

思えば、教科書の「日清戦争」の傍らに「人物コラム」として登場する八田は、映画「ＫＡＮＯ」で忽然と姿を現した大沢たかおと、どこか似てはいないだろうか。脈絡もないのに有名俳優を舞台に立たせ、眩しい光をあてようとしたあのシーンは、見る側の遠近感を失わせるものだった。

もし歴史の文脈を無視し、すでに自分の頭のなかにある何かを確認したり意味づけたりするために歴史上の事物を愛でるとしたら、それはすでに神話の世界だろう。

たとえば、育鵬社の小学校向け道徳教材『はじめての道徳教科書』（二〇一三年）では、学習指導要領の「外国の人々や文化を大切にする心をもち、日本人としての自覚をもって世界の人々と親善に努める」ことを教える素材として、八田與一の物語を取り上げている。

驚いたことに、「台湾人に愛された日本人」と題する七〇〇〇字ほどのこの文章には、台湾がなぜ日本の領土になったのか、その経緯がひとことも書かれていない。大学を卒業した優秀な八田青年が、ある日突然台湾に赴任し、夢を抱いて仕事に励むのである［育鵬社　二〇一三：二四六―二五四］。

これは小学館の学習漫画シリーズ『八田與一』（二〇一一年）でも同様で、東京帝国大学の門前で学帽をかぶる眉目秀麗な青年が、次のページではいきなり台湾に降り立ち、大きなトランクを手に総督府を見上げてたたずんでいるのだ。これらの道徳教材や学習漫画は、もはや歴史物語ではない。歴史の断片をつなぎあわせて新しく形作られた神話といえるかもしれない。

二〇二〇年の台湾と日本でも一三年前と同じように物語が語られ続けている。かたや歴史化し、かたや神話化する八田與一。私たちがこの目でとらえるべきは、彼自身の姿ではなく、彼の立つ場所を定めようとする人々の「歴史を見るまなざし」ではないだろうか。

注

（1）　広井勇（一八六二～一九二八）、高知県出身。札幌農学校（現在の北海道大学）卒業後、工部省勤務などを経てアメリカ留学。帰国後札幌農学校教授に就任。一八九三年、小樽築港事務所長に就任し、小樽港の築港に従事。ブロックを傾斜させ並置する「斜塊ブロック」という独特な工法を採用し、一九〇八年、日本初のコンクリート製長大防波堤を完成させた。

（2）　台湾の高校では二〇〇六年九月の新年度から、従来の「本国史」を分割・改訂した「台湾史」と「中国史」の教科書を採用している。また従来までの全土共通の公定教科書ではなく、検定をパスした民間教科書が使用されている。これらも、現政府による国民党政府時代の歴史教育見直しの動きのひとつといえる。

（3）自由主義史観に対する批判的考察としては、［小森・高橋　一九九八］を参照。

（4）矢内原忠雄（一八九三〜一九六一）は愛媛県出身、東京帝国大学卒業後、同経済学部教授となる。植民地政策論において被統治者の抑圧や搾取の状況を指摘し、その改善を主張した。日中戦争批判により東大を辞職するが、戦後復職し、五一〜五七年に総長就任。クリスチャンとしても知られる。

（5）なお台湾農民組合については、［呉・蔡　一九七一：五二四―五三四］を参照。

（6）銅像は台南市内の銅像の青空市場で日本人の坂井登という日本人が発見した。坂井の父親は嘉南大圳の元職員だったため、銅像のことを知った父親が嘉南農田水利会に連絡し、「買い取った方がいいのではないか」ともちかけたという。その結果銅像は水利会の手に渡ることになった（『産経新聞』、二〇〇四年九月一七日）。

（7）なお、日本人を神として祀る台湾の寺廟については、［戴　二〇〇一：八三―九二］を参照。

（8）戦後台湾において「日本」がもつ意味については、［五十嵐・三尾　二〇〇六］を参照。

（9）台湾の民放テレビ局「中華電視公司」は、二〇〇五年五月に八田與一と外代樹を主人公にしたテレビドラマ「水色嘉南」の製作を発表し、外代樹役に松田聖子が内定したと報じられて話題になった（結局松田聖子は出演しなかった）。その後製作は開始されたものの、大幅に予定が遅れ、二〇〇七年九月現在未放映である。

（10）二〇〇七年七月に上演された演劇「台湾の大地を潤した男――八田與一の生涯」は、金沢市・小松市・七尾市・（財）現代演劇協会主催、劇団昴公演によるもの。また虫プロダクション株式会社は、アニメ映画『パッテンライ!!（八田来!!）南の島の水ものがたり』を制作中である。

参考文献

五十嵐真子・三尾裕子編　二〇〇六　『戦後台湾における〈日本〉――植民地経験の連続・変貌・利用』、東京：風響社

何義麟　二〇〇〇　「『日台親和』の虚像と実像――植民地支配の歴史経験は国際協力のモデルか?」『インパクション』一二〇号、東京：インパクト出版会

金沢市教育委員会　二〇〇五　『のびゆく金沢』、金沢市

国立編訳館主編、蔡易達・永山秀樹訳　二〇〇〇　『台湾国民中学歴史教科書　台湾を知る』、東京：雄山閣出版

小林よしのり　二〇〇〇　『新ゴーマニズム宣言SPECIAL台湾論』、東京：小学館
小森陽一・高橋哲哉編　一九九八　『ナショナル・ヒストリーを超えて』、東京：東京大学出版会
呉三連・蔡培火　一九七一　『台湾民族運動史』、台北：台湾自立晩報社文化出版部
呉文星　二〇〇〇「八田與一の台湾土地改良に対する意見」『現代台湾研究』第二〇号、東京：台湾史研究会
呉文星（田中比呂志訳）　二〇〇二　「台湾の国民中学『認識台湾　歴史篇』を執筆して――その編纂から使用まで」『歴史評論』第六三二号、東京：校倉書房
蔡焜燦　二〇〇一　『台湾人と日本精神《リップンチェンシン》――日本人よ胸を張りなさい』、東京：小学館
斎藤充功　一九九七　『百年ダムを造った男――土木技師八田與一の生涯』、東京：時事通信社
司馬遼太郎　一九九四　『街道をゆく　四十』、東京：朝日新聞社
謝新発（中村公輝校訂）　一九八七　『忘れられない人――海外における唯一の日本人ブロンズ像・あなたの生くべき姿を鮮烈に描く』、台北：出版社不明
鈴木悦子　二〇〇四「八田與一の墓前祭が取り結ぶ日台交流――総合的な学習における取り組みを考えて」二谷貞夫編『二一世紀の歴史認識と国際理解――韓国・中国・日本からの提言』、東京：明石書店
戴國煇　一九七九　『台湾と台湾人――アイデンティティを求めて』、東京：研文出版
戴文鋒　二〇〇一　「日本人神明在台湾」東アジア文史哲ネットワーク編　『〈小林よしのり『台湾論』〉を超えて』、東京：作品社
田村喜子　二〇〇三　「八田與一物語」『君ならどうする――建設技術者のための倫理問題事例集』、東京：地盤工学会
高木友枝　一九一〇　「序文」『台湾の衛生状態』、台北：台湾公医会
西尾幹二ほか　二〇〇一　『新しい歴史教科書』、東京：扶桑社
古川勝三　一九八九　『台湾を愛した日本人――嘉南大圳の父八田與一の生涯』、愛媛：青葉図書
古川勝三・田村喜子　二〇〇一　「八田與一が残してくれたもの」『国づくりと研修』第九三号、東京：財団法人全国建設研修センター
矢内原忠雄　一九八八　『帝国主義下の台湾』、東京：岩波書店
楊碧川　一九九七　『台湾歴史辞典』、台北：前衛出版社
台北日本人学校　二〇〇七　：HP・http://www.taipeijs.org/syakai2/index5.htm

追記分
アーロン・S・モーア著・塚原東吾監訳　二〇二〇　『「大東亜」を建設する――帝国日本の技術とイデオロギー』、東京：人文書院
河原功　二〇一九　「SNET台湾主催連続公開講座　台湾地域研究と修学旅行〈第一回〉」『台湾協会報』第七六二号、東京：一般財団法人台湾協会
許光輝監修・みやぞえ郁雄まんが　二〇一一　『小学館版　学習まんが　八田與一』、東京：小学館
清水美里　二〇一七　「日本と台湾における「八田與一」教材化の方向性」『史海』第六四号、東京：東京学芸大学史学会
薛化元主編、永山英樹訳　二〇二〇　『詳説　台湾の歴史――台湾高校歴史教科書』、東京：雄山閣
武長玄次郎　二〇一八　「台湾若者の八田與一認識――国立聯合大学学生のアンケート結果より」『技術史教育学会誌』第一九巻二号、東京：日本技術史教育学会
黒田日出男ほか　二〇一六　『社会科　中学生の歴史』、東京：帝国書院
坂上康俊ほか　二〇一六　『新編　新しい社会　歴史』、東京：東京書籍
道徳教育をすすめる有識者の会編　二〇一三　『はじめての道徳教科書』、東京：育鵬社
本康宏史　二〇一五　「総督府官僚の「業績」と「郷土愛」――金沢における八田與一顕彰運動」『台湾植民地史の研究』、東京：ゆまに書房
日本台湾修学旅行支援研究者ネットワーク（SNET台湾）　https://www.snet-taiwan.jp
日本旅行業協会　「JATAニュースリリース」　二〇一九年三月二八日　http://www.jata-net.or.jp/data/trend/ranking/pdf/190328_rank.pdf

「八田物語」関連年表

西暦	事項
1886	八田與一、石川県に生まれる
1894	日清戦争おこる
1895	日清戦争後の講和条約（下関条約）により、清朝は日本に台湾を割譲
1910	八田、東京帝国大学工科大学土木工学科を卒業し、台湾総督府土木部技手として赴任
1921	八田、官田渓埤圳組合の技師となり、ダム及び灌漑施設建設の指揮をとる
1930	烏山頭ダムと嘉南大圳が完成
1942	八田、フィリピンへの調査の途次、搭乗していた船が魚雷攻撃に遭い死亡
1945	第二次世界大戦終わる
1989	古川勝三、『台湾を愛した日本人　嘉南大圳の父八田與一の生涯』を刊行
1993-94	司馬遼太郎、『街道をゆく　40　台湾紀行』で八田に言及
1997	台湾の国定歴史教科書『認識台湾　歴史篇』に八田の事績が記載される
1999	台湾で 921 大地震起こる
2000	烏山頭ダムに「八田技師紀念室」が設置される
	小林よしのり、『新ゴーマニズム宣言 SPECIAL 台湾論』で八田を紹介
	（このころから、日本のオピニオン雑誌や建設業界誌などが八田を取り上げるようになる）
2002	李登輝元総統、日本で開催予定だった講演の草稿で八田に言及
	（2000 年代半ばごろから、台湾の小学校・中学校歴史教科書で「嘉南大圳」に関する内容が記載されるようになる）
2005	扶桑社の中学校教科書『新しい歴史教科書』が、八田の事績に関するコラムを記載する
2006	日本の教育基本法改正される
2011	日本で東日本大震災がおこる
	烏山頭水庫風景区に「八田與一紀念園区」がつくられる
	（このころから日本では、一部の中学校歴史教科書や小学校の「道徳」教材、学習漫画などが八田物語が取り上げるようになる）
2015	台湾映画『KANO』（2014 年）が日本で公開される
2016	日本の大手教科書会社が中学校歴史教科書で八田の事績を記載（東京書籍・帝国書院）
2017	日本の高校の海外修学旅行先として台湾が人気。参加者全体の約 34%（約 5 万 4000 人、325 校）で第 1 位となる

あとがき

初めて八田與一のことを知ったのは、1990 年代初めのことだった。その後日本や台湾のあちこちで彼の物語を耳にするようになり、その「語られかた」に関心をもつようになった。

私の研究テーマは主に日本統治期（1895 ～ 1945）の台湾社会史だが、現在の台湾と日本の歴史的な関係性についても興味がある。植民地支配をした側とされた側が、現在お互いをどのようにとらえているのか、その視線の向けかたにはこれまでの歴史がどのような影響を与えているのか。そうした歴史の連続性に関する問題意識は、とりもなおさず自分自身の日々の研究姿勢を見つめ直すことにもつながる。本書の執筆はそれをあらためて確認する貴重な機会となった。

これまで何度も台湾を訪れたが、かの地での嫌な思い出がほとんどない。それはそれで喜ぶべきことかもしれないが、いつまでも「お客様」の立場で台湾という場所に甘えてしまっているともいえるだろう。とりあえず今の私にできるのは、そうした自分の弱さや危うさから目をそらすことなく、いろいろな方法を試しながら、地道に台湾とつきあっていくことだけである。

なお著者は、財団法人松下国際財団「松下アジアスカラシップ」の助成を受けて、1999 年 4 月から 2000 年 3 月まで台湾の中央研究院に留学し、研究活動をおこなった。さらに 2005 年 11 月に東京で開催された「パナソニック　アジアスカラシップ・フォーラム」では発表の場をいただき、その成果ともいえる本書の出版に際しても、多方面で大変お世話になった。この場を借りて松下国際財団に心より感謝の意を表したい。

また、風響社の石井雅さんには、いつも適切なアドバイスをいただいた。あらためて御礼申し上げる。

再版にあたって：

2007 年に本書を刊行したときは、この小さくて薄い本にこれほど多くの方が関心を持ってくださるとは夢にも思わなかった。再版にあたり、あらためて読者のみなさんに感謝の意を表したい。

本書は、私が 1990 年代に「八田物語」と出会って抱いたさまざまな「違和感」を出発点としている。2020 年の今となっては、本書で挙げた具体的な事例などは旧聞に属するかもしれない。しかし、語り手たちの台湾への「視線の向けかた」から何が見えるか、という問題意識については、今後もなお読者と共有できるものだとも思う。今回、ここ 10 年ほどの物語を取りまく変化を、歴史教科書の記述を参考にしながら「付記」として書き加え、新たに関連年表を添えた。日台両地のよりよい未来に向けた関係性に思いを巡らせるとき、本書が読者にとって小さなヒントになれば、これほど嬉しいことはない。

著者紹介
胎中千鶴（たいなか　ちづる）
1959年、東京都生まれ。
立教大学大学院文学研究科史学専攻博士後期課程修了。博士（文学）。
現在、目白大学外国語学部教授。
主な著書に『葬儀の植民地社会史――帝国日本と台湾の〈近代〉』（風響社、2008年）、『あなたとともに知る台湾――近現代の歴史と社会』（清水書院、2019年）、『叱られ、愛され、大相撲！――「国技」と「興行」の一〇〇年史』（講談社、2019年）などがある。

植民地台湾を語るということ　八田與一の「物語」を読み解く

2007年11月10日　初版
2020年10月15日　再版

著　者　胎中千鶴
発行者　石井　雅
発行所　株式会社　風響社
東京都北区田端 4-14-9（〒114-0014）
Tel 03(3828)9249　振替 00110-0-553554
印刷　モリモト印刷

ISBN978-4-89489-802-8 C0022